ANDY STANLEY

O líder da próxima geração

qualidades de liderança que definirão o futuro

Tradução
Marson Guedes

Vida

Título do original
The Next Generation Leader
edição publicada por
MULTNOMAH BOOKS
uma divisão da Random House, Inc.
12265 Oracle Boulevard, Suite 200
(Colorado Springs, Colorado 80921, EUA)
Direitos de tradução para outra língua contratados através de
GOSPEL LITERATURE INTERNATIONAL
P.O. Box 4060, Ontario, California 91761-1003, EUA

■

EDITORA VIDA
Rua Júlio de Castilhos, 280 Belenzinho
CEP 03059-000 São Paulo, SP
Tel.: 0 xx 11 2618 7000
Fax: 0 xx 11 2618 7044
www.editoravida.com.br
www.vidaacademica.net

Todas as citações bíblicas foram extraídas da
Nova Versão Internacional (*NVI*),
©2001, publicada por Editora Vida,
salvo indicação em contrário.

■

Editor responsável: Rosa Ferreira
Revisão de tradução: Nilda Nunes
Revisão de provas: Andrea Filatro
Diagramação: Efanet Design
Capa: Arte Peniel

Dados Internacionais de Catalogação na Publicação (CIP)
(Câmara Brasileira do Livro, SP, Brasil)

Stanley, Andy
O líder da próxima geração: qualidades de liderança que definirão o futuro / Andy Stanley; tradução Marson Guedes — São Paulo: Editora Vida, 2008.

Título original: *The next generation leader: five assentials for whose who shape the future.*
ISBN 978-85-383-0050-2

1. Liderança cristã I. Título.

08-03002 CDD 253

Índice para catálogo sistemático:

1. Liderança crustã : Teologia pastoral : Cristianismo 253

Para meus filhos

Andrew, Garret e Allie

Sumário

Introdução

Quanto mais você sabe a respeito de liderança, mais rapidamente se desenvolve como líder, e mais longe consegue chegar. Aprender com as experiências dos outros capacita você a ir mais longe e mais rápido. Essa é a verdade simples que me inspirou a escrever *O líder da próxima geração.*

Sendo pastor de uma igreja cujos membros têm idade média de 30 anos, encontro-me cercado pela próxima geração de líderes, homens e mulheres que têm o potencial de talhar a própria geração. Estão ávidos por aprender. Estão comprometidos com o desenvolvimento pessoal. E, se tiverem oportunidade, tentarão fazer coisas que só existiram na forma de sonhos para minha geração.

O sucesso da North Point Community Church abriu para mim uma janela, uma oportunidade. Por enquanto, uma parte desse notável grupo de homens e mulheres está interessada naquilo que eu tenho a dizer sobre liderança. Portanto, considero ser minha responsabilidade transmitir o que aprendi.

Se muito será pedido de quem muito recebeu, então muito será pedido de mim. Pois, ao longo do caminho, vi exemplos, tive oportunidades e recebi treinamento.

Cresci debaixo da sombra de meu pai, Charles Stanley, orador e líder talentoso. Apesar de suas responsabilidades profissionais, ele nunca perdeu um jogo de basquete nem deixou de "cavar tempo" para as longas férias de verão. Enquanto me educava, minha mãe considerava ser essa sua missão: preparar-me para deixar o ninho, tendo a segurança e as habilidades necessárias para prosperar neste mundo imprevisível.

Quando completei 14 anos, meus pais tinham praticamente deixado de tomar decisões no meu lugar. Assim, fui forçado a tomar decisões e a arcar com as conseqüências delas. Nunca tive um toque de recolher. Meu pai me perguntava a que horas eu pretendia chegar em casa, e nesse horário eu estava em casa. Até onde sei, eles nunca me esperaram acordados.

Tive muita liberdade. Também recebi a medida completa da responsabilidade que acompanha tal liberdade. Quando recebi minha primeira multa por excesso de velocidade — um tremendo golpe para quem tinha conseguido a habilitação há apenas duas semanas — meu pai apenas comentou: "É melhor ir mais devagar". Sem sermões. Ele não me proibiu de dirigir, pois avaliou que a multa era punição suficiente.

De anjo eu não tinha nada. Em muitos aspectos, fui o típico filho de pregador. Meus pais sensatos quase não deram motivos para eu me revoltar. Em vez disso, eles amontoaram sobre mim uma quantidade quase ingênua de confiança. Essa é a impressão que tenho quando olho para trás.

Tendo compreendido tardiamente o que aconteceu, vejo que meus pais me educaram para liderar. Em termos de prática e princípios reais, fui mais cativado do que ensinado. Não me lembro de uma única conversa em que o assunto fosse a liderança. Porém, por meio da visão que eles projetaram e das oportunidades que providenciaram, comecei na liderança com uma bela vantagem.

Por essa razão, estou convencido de que é minha responsabilidade transmitir o que sei sobre liderança para a geração que vem logo atrás de mim. Esse tem sido um hábito na minha vida: "cavar tempo" para a próxima geração, para homens e mulheres hábeis que, em algum momento, vão me alcançar, ultrapassar e substituir.

Quando eu estava na faculdade, a geração seguinte estava no ensino médio. Quando eu cursava pós-graduação, eram estudantes universitários. Quando aterrisei em meu primeiro emprego de verdade, eu investi em jovens que se encaminhavam para o ministério. Além disso, passei dez anos encontrando-me com pequenos grupos de estudantes do ensino médio, formados por alunos do último ano. Eu compartilhava com eles tudo o que tinha dentro de mim.

Esse tem sido meu estilo de vida e o de muitos que fizeram parte daqueles grupos. Hoje, vários deles são ministros em tempo integral. Um deles trabalha como líder de adoração em nossa igreja. Outro tornou-se meu corretor de ações. Alguns pilotam aviões, outros têm a própria empresa — a maior parte deles já casou e tem filhos. Uns poucos sumiram do mapa.

Tenho plena consciência de que, nos dias que virão, as dádivas que a próxima geração dará a esse mundo certamente eclipsarão o que tenho a oferecer. É assim que abordo a tarefa de passar adiante o que aprendi. É exatamente esse o ponto. Em liderança, *sucesso* é *sucessão*. Se alguém que me segue não for capaz de apropriar-se do que ofereci e construir em cima disso, então fracassei em minha responsabilidade com a próxima geração.

Iniciei esse projeto com uma série de perguntas:

1. Quais princípios de liderança eu gostaria que alguém tivesse compartilhado comigo quando era um líder jovem?
2. O que sei hoje que gostaria de ter aprendido naquela época?
3. De tudo o que *poderia* ser dito sobre liderança, o que precisa ser transmitido para os líderes da próxima geração?

Identifiquei cinco conceitos que servem como roteiro desse livro. Eles representam o que acredito ser o mínimo irredutível: as qualidades indispensáveis para a próxima geração de líderes:

1. COMPETÊNCIA

Os líderes precisam concentrar sua energia no tipo de liderança em que terão mais chance de se destacar.

2. CORAGEM

O líder de uma empreitada nem sempre é a pessoas mais inteligente ou criativa da equipe. Não necessariamente é o primeiro a identificar uma oportunidade. O líder é aquele que tem coragem para dar o primeiro passo, pôr as coisas em movimento, ir à frente.

3. CLAREZA

Momentos de incerteza exigem um direcionamento claro, vindo daqueles que lideram. Contudo, a tentação para os jovens líderes é deixar que a incerteza *os paralise*. O líder da próxima geração precisa aprender a ser claro mesmo quando não está seguro.

4. *COACHING*

Você pode ser bom. Pode até ser melhor do que todo mundo. Porém, sem um *coach*, você nunca será tão bom quanto poderia ser.

5. CARÁTER

Você pode liderar sem caráter, mas não valerá a pena seguir você. O caráter dá aos líderes da próxima geração a necessária autoridade moral para agrupar as pessoas, e também os recursos necessários para impulsionar uma empreitada.

Se Deus deu a você o dom de liderar, então você vai liderar. Nada pode detê-lo. É mais do que provável que as pessoas já tenham reconhecido seu dom e estejam formando fila para segui-lo. Minha paixão é providenciar-lhe ferramentas de liderança. Com elas, as pessoas que escolheram segui-lo não se arrependerão, pois sua vida será marcada pelas qualidades que lhe garantem tal experiência. Você será um líder que deixará o mundo melhor do que encontrou.

Você acha que isso é um exagero?

Pense no seguinte: na sua geração surgirão líderes em diversas áreas — negócios, arte, política, economia, matemática, tecnologia, medicina e religião. Durante a vida, esses homens e mulheres darão forma ao futuro. Ninguém sabe quem são. Você pode entrar na luta, alavancando seus dons e oportunidades, por tudo o que eles valem. Acolher essas cinco qualidades indispensáveis torna você capaz de fazer exatamente isso.

Então, mãos à obra.

Parte 1

COMPETÊNCIA

Faça menos, realize mais

1
Você está fazendo coisas em excesso!

O segredo da concentração é a eliminação.
DR. HOWARD HENDRICKS

É natural e necessário que os líderes jovens tentem fazer tudo sozinhos para provar do que são capazes. É natural porque, como líder, você quer ditar o ritmo, mesmo que seja para demonstrar que nada o deixa para trás. É necessário porque, na maior parte do tempo, o líder não terá ninguém para ajudá-lo. No entanto, o que pode inicialmente ser natural e necessário irá, em última análise, restringir sua eficiência.

Talvez os dois mais bem guardados segredos da liderança sejam os seguintes:

1. Quanto menos você faz, mais você realiza.
2. Quanto menos você faz, mais você capacita outras pessoas a realizar.

Quando eu era um líder jovem, meu maior erro foi permitir que meu tempo fosse consumido em coisas que não eram minhas competências principais. Dediquei uma quantidade desproporcional de meus sete primeiros anos no ministério em coisas nas quais eu não era bom — nas quais *nunca* seria bom. Ao mesmo tempo, investi pouca energia para desenvolver meus pontos fortes.

Sou um bom orador, mas não sou um bom administrador. Sou bom na hora de estabelecer uma visão, mas não sou bom na hora de acompanhar processos. Eu sei preparar uma mensagem, mas não sirvo para planejar um evento.

Demorei a fazer algo para desenvolver minhas habilidades de comunicação. Em vez disso, gastei grande parte do meu tempo tentando ser um administrador mais eficaz e organizador de eventos mais eficiente. Na hora de me preparar para a comunicação, normalmente eu apressava as coisas porque o tempo que deveria ter usado para planejar minhas falas tinha sido consumido por outras coisas. Essa era a única área em que eu *poderia* apressar-me.

O problema foi que, em algum ponto do caminho, aceitei o mito de que, para ser um bom líder, eu tinha de ser bom em tudo. Por isso trabalhava com o seguinte pressuposto: preciso transformar meus pontos fracos em pontos fortes. Afinal, quem seguiria um líder que não tem competência em todas as áreas?

Depois de me formar, fui trabalhar sob a orientação de meu pai. Como pastor responsável pelo trabalho com estudantes, minha principal responsabilidade girava em torno de desenvolver uma estratégia que envolvesse adolescentes e jovens na vida da igreja.

Virei mão-de-obra determinada a ter sucesso, pois era meu primeiro ministério depois de formado. Além disso, havia o fato de eu estar trabalhando para meu pai. Senti a necessidade de provar meu valor. Por isso, trabalhei mais que qualquer outro da equipe. Chegava cedo no trabalho e tarde em casa. Eu estava em movimento constante.

Mas eu não trabalhava com inteligência. A maior parte do meu tempo era dedicada a tarefas nas quais não sou bom. Oito anos da minha carreira ministerial se passaram antes de eu perceber que meu real valor na organização se encontrava dentro do conjunto de meus talentos, não no número de horas trabalhadas.

Desse momento em diante, passei a procurar maneiras de redefinir a descrição do meu cargo de acordo com aquilo em que eu era bom, em vez de fazer algo simplesmente por estar disposto a fazê-lo. Percebi que algumas bolas não deveriam fazer parte de meus malabarismos. Finalmente criei coragem e deixei essas bolas cair no chão, para então vê-las se acomodando em um canto. Quando fiz isso, comecei a me distinguir fazendo malabarismos com duas ou três bolas, as bolas que, antes de qualquer outra coisa, fui criado para manter no ar.

Meu sucesso atraiu outras pessoas que estavam comprometidas com a mesma causa. Embora compartilhássemos a mesma paixão pelo trabalho com estudantes, o conjunto de nossas talentos era diferente. Não demorou muito para que elas começassem a pegar as bolas que eu tinha deixado cair. As responsabilidades que eu relutava em abandonar acabaram por se tornar oportunidades para outras pessoas. As mesmas atividades que me exauriam eram as atividades que enchiam o tanque de outros membros da equipe.

Em conseqüência disso, passei a me comunicar mais e a planejar menos eventos. Aprendi a passar a maior parte o meu tempo voando acima das nuvens e, ao mesmo tempo, mantendo-me acessível aos membros da equipe que colocavam a mão na massa. Passava mais tempo traçando estratégias e menos tempo resolvendo problemas. Tornei-me bem mais proativo em relação à minha agenda. Agora eu era mais impulsionado pela missão que pela necessidade. Quero apresentar-lhe a mesma visão, e como ela se relaciona com suas competências principais:

FAÇA APENAS O QUE VOCÊ PODE FAZER

Olhando de onde você se encontra hoje, isso pode parecer fantasioso e até causar-lhe riso. Mas assim que você deixar para trás a aparente improbabilidade desse axioma, escreva-o e trabalhe nesse sentido. Quais são as duas ou três coisas pelas quais você, e só você, é responsável? Mais especificamente: para que você foi contratado? Qual o significado de "sucesso" para quem está em sua posição?

Vamos esmiuçar isso. Das duas ou três coisas que definem sucesso para você, quais delas se harmonizam com seu conjunto de talentos? Dentre as tarefas que lhe são atribuídas, para quais você tem talentos especiais?

Concentre suas energias nesse ponto. É aí que você fica à vontade. É aí que você se sobressai. Dentro desse contexto restrito, você acrescentará o máximo de valor à sua organização. O sucesso dentro dos limites dessa esfera tem o potencial de torná-lo indispensável para seu chefe.

E o melhor de tudo: você vai gostar de fazer o que faz.

"Impossível!", você diz. "Não posso me dar ao luxo de concentrar minhas energias em apenas parte das minhas responsabilidades!"

Talvez você ainda não possa. Mas você precisa identificar as áreas nas quais possui as maiores chances de sucesso. Você deve isso a si mesmo. Você precisa identificar as áreas nas quais poderá somar o máximo de valor à sua organização. Você deve isso ao seu chefe. Não é possível mirar em um alvo antes de identificá-lo. Estamos falando de uma mentalidade, uma perspectiva, um modo de pensar. Isso é visão. É nessa direção que você deve trabalhar para maximizar seu potencial como líder.

Greg Maddux, um jogador de beisebol do Atlanta Braves, alcançou um índice médio de rebatidas durante a temporada de 2001: 253 rebatidas em 1000 — um número mediano pelos padrões profissionais. No entanto, ele é um dos jogadores mais requisitados da Liga Americana de Beisebol. Por quê? Porque, jogando na posição de lançador, ele tinha eliminado 173 rebatedores no ano anterior. Não é sua habilidade com o bastão que o torna indispensável na lista de convocados. São os lançamentos que o tornam indispensável, lançamentos que atingem 144 quilômetros por hora.

Será que ele deveria aperfeiçoar suas rebatidas? Talvez. Mas é certo que não deveria fazer isso em detrimento dos lançamentos.

> *Identifique as áreas nas quais você tem mais chance de somar um valor incomparável à sua organização — algo que não pode ser igualado — então alavanque suas habilidades ao máximo. É isso o que seu chefe esperava de você quando o colocou na folha de pagamento! E o mais importante: alavancar a si mesmo gera o maior e mais satisfatório retorno das habilidades que Deus lhe deu.*

No momento em que um líder se afasta de suas competências principais, sua eficácia como líder diminui. Pior: a eficácia de todos os outros líderes também declina. Com o tempo, um líder que não lidera com base na "área" certa criará um ambiente desconfortável para os outros líderes.

Deixe-me explicar. Utilizando a escala de liderança de John Maxwell — que vai de um a dez — dê a si mesmo uma nota como líder[1]. Se você é um líder excepcional, dê-se uma nota oito ou nove. Caso se considere um líder mediano, dê-se nota cinco ou seis. Para ilustrar, deixe-me informar que o máximo do desempenho é atingido quando sua nota é sete.

Maxwell argumenta que, no sete, você atrairá seguidores com notas cinco e seis. Se fosse um nove, poderia atrair setes e oitos. Em outras palavras, líderes atraem outros líderes com habilidades semelhantes, mas que raramente as superam.

Talvez você tenha experimentado a frustração de trabalhar para alguém cujas habilidades de liderança eram inferiores às suas.

[1] John Maxwell classifica a eficiência do líder com base em uma escala que vai de um a dez; dez é o líder perfeito. Ele observa que líderes com nota dez atraem líderes com notas oito e nove. Um líder com nota sete atrairá líderes com notas cinco e seis. Um líder extraordinariamente seguro pode, às vezes, atrair líderes que possuem habilidades de liderança superiores.

Provavelmente em pouco tempo você já estava procurando outro lugar para trabalhar. Por outro lado, você pode ter experimentado o entusiasmo de trabalhar para líderes cujas habilidades de liderança eram superiores às suas. É bem provável que esse tipo de ambiente tenha trazido à tona o que há de melhor em você.

Agora, voltemos à minha argumentação. Supondo que você é um sete, estará em seu ponto máximo quando estiver em sua área, ou seja, quando estiver devotando seu tempo às coisas que naturalmente sabe fazer. Isso ocorre quando você trabalha como um sete. E, sendo um sete, você atrairá cincos e seis. E, caso tenha confiança para isso, outros setes.

Além disso, você pode ter potencial para ser sete, mas, se estiver fora de suas competências principais, vai liderar como se fosse um seis. Se você continuar assim, perderá a dedicação e, possivelmente, o respeito dos outros seis à sua volta. Com o tempo, você reduzirá a liderança em toda a organização a algo simplório — todo mundo sofre com isso.

Como a maioria dos bons princípios, esse é um tanto intuitivo. Faz sentido. Contudo, muitos líderes encararam o vento contrário e tomaram a dianteira, determinados a fazer tudo e muito bem. De fato, é possível que você trave a batalha cabeça *versus* coração à medida que reflete sobre as implicações dessa idéia. Sem dúvida, seu coração pula de contentamento com a idéia de concentrar-se nas áreas em que você naturalmente se sobressai. Intuitivamente, você sabe que esse é o caminho a seguir. Mas sua cabeça diz: "Espere um pouco — isso não pode ser simples assim!".

Após desafiar centenas de líderes a trabalhar seus pontos fortes, identifiquei cinco obstáculos principais para que o líder adote essa linha de pensamento.

1. A BUSCA PELO EQUILÍBRIO

As primeiras coisas que os líderes da próxima geração pensam é: "Trabalhar nos pontos fortes é um empreendimento injustificado",

"A idéia de ser um líder equilibrado, ou com diferentes habilidades, parece boa no papel", "A idéia é bonita quando é dita do púlpito". Leia as biografias dos realizadores de qualquer área. Você verá, vez após vez, que eles não eram líderes "com diferentes habilidades". Foram homens e mulheres com *foco*.

Devemos esforçar-nos para obter equilíbrio organizacional, mas não é realista esforçar-nos para obter equilíbrio na esfera das habilidades pessoais de liderança. Esforçar-se para obter equilíbrio obriga o líder a investir tempo e energia em aspectos de liderança nos quais ele nunca se sobressairá. Quando uma pessoa central à organização esforça-se para obter equilíbrio, ela potencialmente rouba de outros líderes a oportunidade de ser ótimos no que sabem fazer.

Meu contexto atual de liderança é a igreja local. Assim como muitas igrejas, temos uma ramificação que se concentra exclusivamente em estudantes do ensino médio. Geralmente a pessoa que assume essa responsabilidade é alguém que sabe muito bem liderar de cima de uma plataforma. Em geral, quem pastoreia estudantes é gente animada, que gosta de aparecer em público.

O camarada que tem essa responsabilidade em North Point não tem esse perfil. Kevin Ragsdale é um belo exemplo de alguém extraordinariamente focado, de um líder com alto nível de eficiência. Contudo, o forte de Kevin é a administração. O próprio Kevin admite que não tem personalidade para estar nos palcos. Em vez de gastar tempo tentando tornar-se eficiente em uma área na qual provavelmente nunca terá destaque, Kevin treinou e mentoreou um grupo de pessoas com talento para se comunicar e para estabelecer visões.

Em outras palavras, Kevin não tem habilidades de liderança harmoniosamente distribuídas, mas a organização que ele criou apresenta essa harmonia. Ele se concentra naquilo em que tem talento, e delega poder para outros fazerem o mesmo. Por conseqüência, qualquer um que freqüentar os ambientes criados para os estudantes ficará empolgado com a excelência que a comunicação tem, mas ficará igualmente impressionado com a qualidade da programação e com a organização que lhe serve de apoio.

Quando um líder tenta ter suas habilidades harmoniosamente distribuídas, ele diminui o quociente médio de liderança da organização. Por sua vez, isso reduz o nível dos líderes que o cercam. Não se esforce para ser um líder harmonioso. Em vez disso, descubra sua área e fique por lá. Então, delegue todo o resto.

2. FRACASSO EM DIFERENCIAR AUTORIDADE E COMPETÊNCIA

A segunda razão pela qual os líderes nem sempre usam seus pontos fortes é que ainda não sabem a diferença entre autoridade e competência. Todo líder exerce autoridade sobre áreas nas quais tem pouca ou nenhuma competência. Quando exercemos a autoridade em uma área para a qual não somos competentes, podemos arruinar projetos e desmotivar aqueles que possuem a habilidade que nos falta.

Em qualquer domingo de manhã, tenho a autoridade para entrar em nossa sala de controle de vídeo e esbravejar ordens. O fato de não saber nada, nem o mais básico a respeito do que acontece por lá, não diminui minha autoridade. Pois, no fim, o grupo vai fazer aquilo que pedi a eles. No entanto, a queda na produção seria enorme. Se eu fizesse isso domingo após domingo, os melhores e mais brilhantes voluntários nos deixariam. Em algum momento, o grupo remunerado também começaria a procurar outra coisa para fazer.

Não há necessidade de você se tornar um *expert* em cada área de sua organização. Não há nem mesmo a necessidade de entender tudo. Ao tentar exercer autoridade em um departamento que está fora de suas competências, você será um obstáculo para tudo e todos que estiverem sob seus cuidados. Se você não conseguir diferenciar autoridade e competência, sua influência prejudicará projetos e pessoas.

Sendo muito direto, há coisas pelas quais você é responsável e há coisas nas quais você não deve intrometer-se.

3. INCAPACIDADE DE DIFERENCIAR COMPETÊNCIA E FALTA DE COMPETÊNCIA

Líderes que têm sucesso em determinada área normalmente supõem ser competentes em áreas para as quais não têm nenhuma competência. Em conseqüência disso, perdem oportunidades de alavancar seus pontos fortes. Discutiremos adiante que o sucesso é inebriante, e gente inebriada raramente está firmada na realidade. Líderes de sucesso tendem a supor que suas principais competências são mais abrangentes do que de fato são.

Pior: quanto mais sucesso um indivíduo tem, menor é a chance de alguém dispor-se a chamar sua atenção para esse fato desagradável. Por conseqüência, um líder considerado *expert* em uma área geralmente é tratado como *expert* em outras áreas também.

Líderes que não estão em contato com suas próprias fraquezas acham que são melhores do que qualquer um em sua organização no que diz respeito à liderança. Muitos ainda compram a idéia de que grandes líderes não têm fraquezas. Para eles, admitir fraquezas é o mesmo que perder eficiência. Tais líderes tendem a esconder suas fraquezas, supondo que as pessoas jamais as descobrirão.

Recentemente recebi um telefonema de um dos membros da diretoria de uma organização internacional. Ele me pediu conselhos sobre como administrar um conflito entre a diretoria e o fundador da empresa, que exercia a função de presidente. O presidente era um talentoso visionário, que arrecadara grande parte do capital da companhia. De fato, o sucesso dessa organização devia-se, em grande parte, à sua habilidade para se comunicar bem com uma ampla gama de audiências.

Todavia, ele não era tão bom como homem de negócios. A diretoria precisava contratar um diretor financeiro de primeira, mas o presidente acreditava que poderia continuar supervisionando essa área da empresa em seu cargo de presidente. Fazia poucos dias que o presidente tinha tomado decisões que suscitaram questionamentos a respeito de seu tino para os negócios. Ficou evidente para todos, menos para o presidente, que ele precisava ausentar-se da área financeira e concentrar a atenção naquilo que, em primeiro lugar, fez dele e da empresa um sucesso. Seu problema não era de QI. Era de discernimento. Ele simplesmente não conseguia captar isso.

Em geral, a incapacidade de admitir deficiências pessoais tem raízes em algum tipo de insegurança. É fácil perceber isso nos outros, mas quase impossível quando se trata de olhar a nós mesmos. É necessária uma boa dose de segurança pessoal para admitir as fraquezas.

A verdade é que admitir uma fraqueza é um sinal de força. Reconhecer fraquezas não diminui a eficiência de um líder. Pelo contrário: na maioria dos casos, é simplesmente uma forma de expressar que ele captou aquilo que todos já sabiam. Quando você reconhece suas fraquezas diante da equipe, isso nunca é uma novidade.

4. CULPA

Alguns líderes não se restringem a seus pontos fortes porque sentem culpa quando delegam seus pontos fracos.

É nesse ponto que fico me debatendo. Suponho que todo mundo detesta fazer as coisas que eu detesto fazer. Para começo de conversa, durante anos senti culpa por delegar responsabilidades com as quais eu não queria envolver-me. Demorei um tempo para entender que os líderes à minha volta ficavam energizados exatamente pelas coisas que me exauriam.

Como já mencionei, planejar e realizar eventos não era meu forte. Planejar quase tudo é terrivelmente desgastante para mim. No início de minha carreira eu delegava, cheio de desculpas, o planejamento dos eventos. Equivocadamente tomava como certo que todos sentiam o mesmo pavor que eu. No entanto, eu achava que estava fazendo um favor a todos quando assumia a responsabilidade de planejar e realizar eventos.

Felizmente para toda a organização, descobri que estava cercado por líderes cujas glândulas adrenais ficavam ligadas no turbo diante da idéia de planejar um evento. Eles não eram apenas bons nisso: ele curtiam! Tenho de rir quando me lembro da diplomacia que minha equipe de líderes precisava usar quando delicadamente tirava minhas mãos de determinados eventos.

Lembre-se de que todos em sua organização são beneficiados quando você delega responsabilidades que fogem à sua competência principal. A delegação bem pensada permitirá que alguém de sua organização brilhe. Suas fraquezas representam oportunidade para outras pessoas.

5. FALTA DE DISPOSIÇÃO PARA DESENVOLVER OUTROS LÍDERES

Há alguma verdade no provérbio: "Se quer que alguma coisa seja bem feita, faça você mesmo". Às vezes é bem mais fácil, e bem mais rápido, fazer as coisas sozinho do que treinar alguém para isso. Mas liderar não se resume a fazer as coisas do jeito "certo". Liderar é fazer as coisas acontecer por meio de outras pessoas. Os líderes perdem oportunidades de investir em seus pontos fortes porque não se dão conta de que grandes líderes trabalham por meio de outros líderes, que trabalham por meio de outros líderes. Liderança é multiplicação de esforços. Isso automaticamente multiplica os seus resultados.

Como escreveu certo autor:

> Tudo o que fazemos é realizado por meio de delegação — seja para o tempo ou para outra pessoa... Transferir responsabilidades para pessoas qualificadas e treinadas permite que você invista sua energia em outras atividades, aquelas que levam

você a um patamar mais alto. Delegação significa desenvolvimento, tanto para os indivíduos quanto para a organização.[2]

Aqui e ali ouço alguém em posição de liderança reclamar do desempenho ou da competência das pessoas que o cercam. Quando um líder não encontra ninguém para delegar as coisas, está na hora de se olhar no espelho. Nunca podemos esquecer: as pessoas que nos seguem estão exatamente no lugar para onde nós as conduzimos. Se não há ninguém a quem delegar, a culpa é nossa.

Muitos exemplos na história ressaltam a centralidade desse catalisador princípio de liderança. Cada um ilustra o fato de que você nunca sabe o que está em jogo quando decide trabalhar de acordo com seus pontos fortes.

É bastante curioso notar que a aplicação prudente desse princípio permitiu à inexperiente igreja do primeiro século consolidar seus ganhos, além de capitalizar sobre um crescimento explosivo sem perder o foco ou o impulso.

[2] Stephen R. Covey, *The 7 Habits of Highly Effective People*. Nova York: Simon and Schuster, 1989, p. 171 [*Os 7 hábitos das pessoas muito eficientes*, Best Seller, 1999].

2
Fazendo as coisas certas

Temos diferentes dons, de acordo com a graça que nos foi dada. Se alguém tem o dom de... exercer liderança, que a exerça com zelo...
ROMANOS 12.6,8, NVI

Os líderes da igreja do primeiro século não tinham nenhum modelo nem tradições em que se basear. Por conseqüência, não tinham outra alternativa que não a de desenvolver a estrutura da igreja à medida que caminhavam. Como é de se esperar, a responsabilidade primária pela liderança recaiu principalmente sobre o punhado de homens que passou a maior parte do tempo com Jesus. Isso era perfeito para os primeiros dias da igreja. No entanto, à medida que a igreja crescia, tornou-se impossível para os apóstolos manter todas as bolas no ar. Essa tensão crescente provocou a necessidade de ampliar a liderança na igreja primitiva.

> Naqueles dias, crescendo o número de discípulos, os judeus de fala grega entre eles queixaram-se dos judeus de fala hebraica, porque suas viúvas estavam sendo esquecidas na distribuição diária de alimento. Por isso os Doze reuniram todos os discípulos e disseram: "Não é certo negligenciarmos o ministério da palavra de Deus, a fim de servir às mesas. Irmãos, escolham entre vocês sete homens de bom testemunho, cheios do Espírito e de sabedoria. Passaremos a eles essa tarefa e nos dedicaremos à oração e ao ministério da palavra".

Tal proposta agradou a todos. Então escolheram Estêvão, homem cheio de fé e do Espírito Santo, além de Filipe, Prócoro, Nicanor, Timom, Pármenas e Nicolau, um convertido ao judaísmo, proveniente de Antioquia. Apresentaram esses homens aos apóstolos, os quais oraram e lhes impuseram as mãos.

Assim, a palavra de Deus se espalhava. Crescia rapidamente o número de discípulos em Jerusalém; também um grande número de sacerdotes obedecia à fé.

Atos 6.1-7

É difícil imaginar o apóstolo Pedro trabalhando de garçom. Mas, à medida que a igreja crescia, ele e os outros onze apóstolos viram-se distribuindo comida. As viúvas da igreja do primeiro século tinham de receber cuidados.[1] Alguém tinha de fazer isso. Nada era pequeno demais para aqueles homens.

Afinal, eles viram, consternados, Jesus se inclinar e lavar seus pés. Eles sabiam tudo sobre a liderança servil. Tinham aprendido com o próprio Mestre Servo. Então, se as viúvas precisavam comer, por que não ir em frente e alimentá-las?

Mas, em algum momento, o trabalho ficou grande demais para eles. O tempo deles era cada vez mais consumido por atividades administrativas. E, aparentemente, administrar não era exatamente a atividade em que eles eram excepcionalmente bons. Logo pareceu que eles estavam privilegiando os judeus de língua hebraica na distribuição diária de comida.[2]

1 A igreja tinha a expectativa de que Cristo voltaria a qualquer momento. Conseqüentemente, eles estavam juntando recursos para apoio mútuo enquanto esperavam. Atos 4.35 nos informa que os apóstolos receberam a responsabilidade de distribuir o dinheiro de acordo com as necessidades daqueles que se juntavam diariamente à igreja.

2 A igreja primitiva era composta principalmente de judeus. Havia dois segmentos: os judeus nativos e os judeus helenizados. Os judeus helenizados eram judeus nascidos fora de Israel, mais propensos à cultura grega. Esses judeus tinham mudado recentemente para Jerusalém ou foram até lá para o Pentecoste, e então decidiram ficar. A decisão se baseava no pressuposto de que Jesus voltaria a qualquer momento.

Em algum momento, eles perceberam que algumas coisas precisavam mudar. A missão da igreja estava ameaçada. A coisa mais importante já não era a coisa mais importante *para eles*. Então, eles fizeram o que qualquer boa igreja faria: convocaram uma reunião.

Preste muita atenção à primeira frase: "Não é certo negligenciarmos o ministério da Palavra de Deus, a fim de servir às mesas" (v. 2). É uma expressão muito forte. Em outras palavras: "Estaremos cometendo um erro se continuarmos cuidando das viúvas". Espero que nenhuma viúva tenha ido à reunião!

Os apóstolos foram direto ao ponto e defenderam a seguinte idéia: eles tinham de fazer aquilo que somente eles poderiam fazer. Eles eram os únicos homens no planeta Terra que estavam preparados para retransmitir os ensinamentos de Cristo. As experiências singulares, com o acesso ilimitado que tiveram ao Mestre, colocaram-nos na posição de únicos portadores da mensagem mais importante do mundo.

Dado o imperativo, eles não tinham nada que ficar servindo as mesas. Agir assim teria causado um impacto negativo no ímpeto e no foco da igreja. Era hora de delegar responsabilidade e autoridade. Assim, eles poderiam prosseguir fazendo as duas coisas para as quais tinham preparo incomparável: ensinar e orar.

Ao contrário da igreja de hoje, eles não solicitaram voluntários. Eles escolheram sete homens que estavam preparados para realizar a tarefa. Eles não estavam fugindo de suas responsabilidades quando agiram assim. Pelo contrário, a escolha deles foi feita para garantir um serviço mais bem prestado do que antes.

E o resultado? "Assim, a palavra de Deus se espalhava. Crescia rapidamente o número de discípulos em Jerusalém; também um grande número de sacerdotes obedecia à fé" (Atos 6.7).

Três coisas aconteceram em conseqüência dessa decisão aparentemente insignificante:

1. A palavra de Deus se espalhou.
2. O número de discípulos em Jerusalém aumentou rapidamente.
3. Pessoas influentes na cidade se converteram.

Em resumo, eles insistiram em uma tarefa. E, enquanto os apóstolos se mantinham sob os holofotes, sete outros homens trabalhavam nos bastidores para garantir que o dinheiro e a comida fossem administrados com responsabilidade.

A tarefa desses sete recém-chegados foi menos "espiritual" que a dos apóstolos? Não. A responsabilidade deles era menos crucial para o sucesso da igreja? Claro que não. Os dois grupos eram indispensáveis para o avanço do evangelho. Mas foi somente quando se posicionaram da forma correta que o impacto de suas ações foi sentido.

Outra coisa aconteceu em conseqüência da decisão dos apóstolos de delegar a distribuição da comida. Surgiram dois novos líderes: Estêvão e Filipe. O testemunho público de Estêvão foi poderoso e, em algum momento, ele se tornou o primeiro mártir do período posterior ao Pentecoste. Filipe se tornou um evangelista itinerante. O resultado de seu ministério foi a conversão de muitos que viviam fora da região de Jerusalém, onde a maioria dos apóstolos continuou ensinando.[3] Esses dois homens tiveram sua primeira oportunidade no ministério por causa da decisão dos apóstolos de fazer apenas o que eram capazes de fazer.

Nenhum dos Doze imaginava o que estava em jogo quando decidiram não mais servir às mesas. O que eles sabiam de fato era que não seria certo se eles "negligenciassem o ministério da palavra". Imagine o que poderia ter acontecido se esses líderes continuassem servindo às mesas e não delegassem a responsabilidade de distribuir a comida.

[3] Veja Atos 8 e Atos 21.8.

Esse princípio é válido para você. À semelhança dos apóstolos, você não faz idéia do que está em jogo quando aposta em seus pontos fortes e delega seus pontos fracos. Sendo um líder dotado por Deus para fazer bem umas poucas coisas, não está certo você tentar fazer tudo.

Eleve o desempenho apostando em seus pontos fortes e delegando seus pontos fracos. Essa decisão fará mais para aumentar sua produtividade do que qualquer outra coisa que você fizer como líder.

Certa vez ouvi John Maxwell dizer: "Você alcança seu valor máximo quando agrega o máximo de valor". É fundamental para a saúde e o sucesso das organizações que, na qualidade de líderes, descubramos qual é essa tarefa, essa área restrita de responsabilidade na qual agregamos o máximo de valor. E, tendo-a encontrado, é ainda mais importante que permaneçamos lá.

Em carta para ex-seminaristas, o dr. Howard Hendricks ressaltou a importância desse princípio:

> Se existe algo que me manteve nos trilhos todo esses anos, esse algo foi me amarrar ao princípio do foco. Há muitas coisas que posso fazer, mas tenho de me restringir àquilo que *preciso* fazer. O segredo da concentração é a eliminação (grifo do autor).

Como você avalia seu ambiente de liderança atual? E suas responsabilidades nesse ambiente? O que precisa ser eliminado? O que precisa ser delegado? O que "não seria certo" continuar fazendo?

3
Encontrando o passo certo

Comprometer-se um pouco com tudo significa comprometer-se muito com nada.

Não há necessariamente uma correlação entre quão ocupada é uma pessoa e quão produtiva ela é. Ser ocupado não é o mesmo que ser produtivo.

O mais provável é que você hoje esteja mais ocupado do que jamais esteve. Mas isso significa que você é tão produtivo quanto poderia ser? Claro que não. Agenda cheia nem sempre é igual a máxima produtividade. De fato, poderíamos dizer que o oposto é verdadeiro. As pessoas mais produtivas que conheço parecem ter mais, não menos, janelas na agenda do que uma pessoa comum. Elas controlam a própria agenda em vez de se deixarem controlar por ela.

Observação e análise confirmam que 20% de nosso esforço resultam em 80% de eficiência. Richard Koch, em seu trabalho seminal *O princípio 80/20*, registra essa relação importante:

> O Princípio 80/20 declara que, normalmente, a menor parte das causas, informações brutas ou esforços gera a maioria dos resultados, informações processadas ou recompensas. Tomado literalmente, isso significa que, por exemplo, 80% do

> que você realiza em seu emprego é resultado de 20% do tempo gasto. Assim, para todos os objetivos práticos, 4/5 do esforço despendido — a maior parte dele — é, em grande medida, irrelevante.[1]

Se Koch está certo, é imperativo descobrirmos os 20% do que fazemos que geram os 80% de nossa produtividade. Tendo descoberto isso, precisamos concentrar mais de nosso tempo e energia nessas atividades. É esse o ponto central para um líder causar o máximo de impacto.

Faz muitos anos, cheguei à conclusão de que 80% de minha produtividade profissional derivavam de três atividades:

- Estabelecimento da visão corporativa
- Comunicação corporativa
- Desenvolvimento de liderança

Essas eram as três coisas que mais agregavam valor à minha organização. Minha competência nessas áreas define meu sucesso como pastor. Por ser pastor titular, essas são as coisas que só eu posso fazer.

Com isso em mente, sentei-me com minha assistente, Diane Grant, e comecei a rearranjar e a refazer as prioridades da minha agenda em torno dessas três coisas. Eu praticamente dobrei o tempo que separo para a preparação e avaliação dos sermões. Separei um dia inteiro por semana para o desenvolvimento da equipe. E aumentei a proporção do tempo de púlpito do domingo de manhã devotado ao estabelecimento da visão. Hoje, mais de 80% de meu tempo está concentrado nessas três coisas que só eu posso fazer.

Na minha área de trabalho, a maior parte de meu sucesso gira em torno de uma apresentação semanal de 45 minutos, mais

[1] Richard Koch, *The 80/20 Principle*. New York: Currency/Doubleday, 1998, p. 4 [*O princípio 80/20*, Rocco, 2000].

conhecida como sermão. Não importa quantas horas eu trabalhe. Em sua maior parte, meu sucesso gira em torno de eu conseguir, ou não, cumprir essa tarefa no domingo de manhã. Um trabalho semanal de 60 horas não servirá de compensação para um sermão ruim. As pessoas não dão as caras no domingo pela manhã porque eu sou um bom pastor (líder, pastor, conselheiro). Por ironia, minhas habilidades pastorais quase nada têm que ver com meu sucesso como pastor! Em meu mundo, são as habilidades de comunicação que fazem a diferença. É nisso em que concentro meu tempo.

Usando o paradigma de Koch, você precisar empenhar mais do seu tempo para as atividades dos 20%. Fazendo isso, aumentará sua produtividade e o valor que você tem para a organização à qual está ligado. Não gastamos muito tempo descobrindo quais das nossas atividades fazem maior diferença. É por isso que fazemos coisas demais.

As perguntas a seguir foram pensadas para ajudá-lo a descobrir suas principais competências. Dedique alguns minutos para fazer uma avaliação pessoal. Fazer anotações pode ser útil enquanto você avança para a pergunta seguinte.

1. Você faz algo que, de seu ponto de vista, exige quase nenhum esforço, mas que outras pessoas consideram uma tarefa intimidante? O que é?
2. Em que áreas os outros consideram você uma referência?
3. O que você aprecia em seu trabalho atual?
4. O que você gostaria de delegar?
5. Qual de suas atividades desperta mais elogios e reconhecimento?
6. Quais ambientes deixam você ansioso para começar logo a trabalhar?
7. Que ambientes você evita?
8. Que tipo de conselho as pessoas pedem a você?

9. Se você pudesse concentrar mais tempo e atenção em um ou dois aspectos de seu trabalho, quais seriam?

A auto-avaliação é um passo necessário para descobrir suas principais competências, mas não é suficiente. Ninguém é inteiramente objetivo sobre si mesmo. Por isso, é sensato envolver outras pessoas no processo. Escolha duas ou três pessoas que você conhece bem, que empregam outras pessoas, e peça-lhes que respondam às seguintes perguntas a seu respeito:

1. Se eu fosse trabalhar para você de graça...
   - em que posição eu poderia agregar mais valor à organização?
   - em que área você pediria para eu concentrar minha atenção?
   - onde eu teria maior chance de obter sucesso?
   - em que área, ou áreas, você me impediria de trabalhar?
2. Em meu ambiente de trabalho atual, onde você percebe um desencontro entre minhas principais competências e minhas responsabilidades?
3. Se você tivesse a oportunidade de aconselhar meu chefe sobre a melhor maneira de aproveitar meu trabalho, o que você diria?
4. Você sabe de alguma área da minha vida na qual há um desencontro entre minha paixão e minha competência?[2]

Uma terceira tarefa, que pode ajudá-lo a trazer à tona seus verdadeiros pontos fortes, é desenvolver duas descrições de cargo.

[2] A capacidade de diferenciar as paixões das competências é essencial para você se desenvolver como líder. Às vezes, temos dificuldade para distinguir uma coisa da outra. Existem coisas que amamos fazer, mas que não fazemos realmente bem e nunca faremos com desenvoltura. Eu prefiro tocar piano a escrever. Assim como muita gente, amo música. Mas seria insensatez eu dedicar a vida a me tornar um músico profissional. É importante saber quais das nossas paixões não estão em harmonia com nossas capacidades naturais.

A primeira deve refletir a realidade atual. A segunda, a descrição de cargo ideal.

Suponha, por enquanto, que você vá trabalhar durante dois anos para seu patrão atual. Como você ajustaria a atual descrição de cargo para se colocar na posição em que agregaria o máximo de valor à organização? Como você poderia ser mais útil para seu empregador? Quais de seus talentos não estão sendo plenamente utilizados hoje?

Ao terminar esse projeto, apresente-o a seu chefe. A reação dele dirá muito sobre seu futuro na organização. Se seu supervisor for sensato, verá sua iniciativa como uma grande oportunidade de reajustar as coisas e aumentar a produtividade. Essencialmente, você deve investir tempo e envidar esforços para aumentar a sua produtividade e também a dele. Se seu chefe se sentir ameaçado por sua proposta, é um indício de que ele provavelmente coloca os interesses pessoais à frente dos interesses corporativos. Nesse caso, você deve começar a procurar outro ambiente no qual investir seus talentos.

Seja como for, se seu empregador está pagando seu salário, ele bem pode arrancar de você o máximo de valor que puder. Ninguém se beneficia com o desalinhamento organizacional. O desalinhamento custa caro. Resulta em desgastes desnecessários, tanto no âmbito pessoal quanto corporativo.

Criei o hábito de fazer as seguintes perguntas para nossos melhores colaboradores: O que você quer fazer? Como posso ajudá-lo a ter mais satisfação em nossa organização? Em que área seus talentos não têm sido bem utilizados? Como posso ajudar você a concentrar mais tempo e energia nas coisas que derivam de suas principais competências, e assim agregar mais valor para essa organização?

Por causa do relacionamento que tenho com os líderes de nossa equipe, fico à vontade para conversar com eles a respeito de seus interesses profissionais além dos muros da North Point

Community Church. Estou cercado por líderes que podem aventurar-se em inúmeras direções e ter sucesso. Se sentirem necessidade de investir seus talentos em outras empreitadas, não quero que escondam isso de mim por causa de medo ou culpa. Quero que eles sintam que podem contar com meu apoio em qualquer nova empreitada que desejem buscar.

Em um dos encontros mensais da liderança com a equipe, eu os desafiei a revisar as próprias descrições de cargo e a apresentá-las a seus superiores. A resposta foi esmagadora. Não tive clareza de mente suficiente para prever que estava dando à equipe permissão para expressarem algumas coisas sobre as quais andavam pensando e não estavam seguros se seriam bem recebidas ou não.

Sabemos quando estamos funcionando do jeito errado. Sabemos quando nossos talentos e esforços estão sendo apropriados indevidamente. O que não sabemos é quão receptivos os supervisores estão para nos ouvir. Como resultado dessa tarefa, fizemos algumas escolhas importantes, que geraram maior alinhamento para todos os funcionários. Além disso, topamos com uma ferramenta nova, que torna público aquilo que nosso pessoal estava pensando e sentindo.

Bem, se você é chefe, pode estar pensando: *Isso não é um tanto perigoso? Você não teme perder os melhores integrantes de sua equipe? Você não se preocupa com a estabilidade e o sucesso futuro de sua organização?* A resposta para essas três perguntas é não. Antes de mais nada, eles não são "sua" equipe. Em segundo lugar, não é "sua" organização. Além do mais, sempre lhes digo que, se saírem, vou junto com eles! De um jeito ou de outro, todos acabarão saindo. Simplesmente decidi que servir de plataforma de lançamento para as pessoas é melhor que perdê-las.

Além de fazer uma descrição de cargo projetada em torno de seu emprego *atual*, crie a descrição de cargo que você consideraria a *mais perfeita*. Só você deve deitar os olhos nessa descrição.

O objetivo desse exercício é ajudá-lo a identificar o nicho em que você sente ser mais produtivo e, por conseqüência, mais bem-sucedido. Sonhe um pouco.

E se você pudesse fazer qualquer coisa e trabalhar em qualquer lugar? O que você faria? Em que lugar você atuaria? Com quem você trabalharia? Vá em frente: escreva. Você tem razão: pode parecer irreal da posição em que você se encontra hoje. Mas as visões sempre parecem irreais quando são delineadas pela primeira vez. Isso é uma visão, não um plano.

Faça com que a visão para o trabalho de seus sonhos gire em função de duas coisas: ambiente e responsabilidades.

1. À luz de seus pontos fortes, fraquezas, dons e paixões, descreva o ambiente de trabalho ideal.

   - Com que tipo de pessoas você gostaria de trabalhar?
   - Você gostaria de trabalhar em equipe ou sozinho?
   - Gostaria de viajar? Nesse caso, quanto?
   - Você prefere trabalhar em um ambiente bastante ou pouco estruturado?

2. À luz de seus pontos fortes, fraquezas, dons e paixões você desejaria responsabilizar-se por qual tipo de coisas?

   - Você se imagina no departamento administrativo, de vendas ou de marketing?
   - Você gostaria de trabalhar com números, pessoas ou ambos?
   - Que tipo de tarefa você gostaria de realizar?
   - Você apreciaria um trabalho que exige muita escrita?
   - Você se sentiria à vontade com um trabalho que exige habilidades verbais?

A razão pela qual esse exercício é sadio e proveitoso é que lhe permite pensar puramente em termos de suas paixões e capacidades. Começar diante de uma página em branco é libertador. Também pode ser intimidante. Ansiamos por estrutura e limites.

Mas limites podem tornar-se muros. Os limites causam autodepreciação.

Separe um tempo para criar uma breve descrição de cargo que, na sua opinião, permitiria que você se concentrasse em suas principais competências. Esses parágrafos servirão como uma visão profissional — uma espécie de bússola. Da próxima vez que você tiver uma entrevista de trabalho, haverá um parâmetro para constatar se o emprego para o qual está sendo entrevistado é adequado para você.

No início desta seção afirmei que, como líder, você não deve preocupar-se em ter habilidades em todas as áreas. Em vez disso, você deve construir sobre seu conjunto de talentos e delegar todo o resto. Ao fazer isso, a conseqüência é uma organização competente, que reflete seus *pontos fortes*, não seus *pontos fracos*. Você quer garantir que sua organização funcione com a máxima proficiência? Então ajude aqueles que estão à sua volta a descobrir suas principais competências, e depois posicione-os de acordo com elas.

Já mencionei que é melhor eu ficar longe do planejamento de eventos. Isso não é o que eu sei fazer bem. Contudo, nossa organização é conhecida por patrocinar e produzir eventos de alto nível. Por quê? Porque, ao me retirar (e continuar retirado!) dessa área, criei oportunidades para que as pessoas com talento nessa seara prosperem. Em conseqüência, as pessoas constantemente me elogiam por causa de aspectos de nossa organização que nada têm que ver comigo.

Para desenvolver uma equipe competente, ajude os líderes de sua organização a descobrir suas competências de liderança e delegue funções de acordo com elas. Há diversas formas de fazer isso:

1. Faça uma lista com o nome das pessoas-chave e escreva aquilo que, na sua percepção, é o valor principal delas na organização. Tendo feito isso, avalie suas descrições de cargo, fazendo-se a seguinte pergunta: "Como posso liberar

mais tempo para que elas façam aquilo que agrega mais valor à organização?"

2. Encoraje a equipe a reescrever suas descrições de cargo. O objetivo é remanejar o tempo para que eles se concentrem naquilo que fazem de melhor.
3. Conduza as pessoas-chave em uma discussão sobre os princípios discutidos nestes três capítulos.
4. Crie oportunidades para que a equipe discuta a melhor forma de alavancar suas capacidades.

Ter as pessoas certas nas posições certas é essencial para seu sucesso e para o sucesso de sua organização.

Há momentos em que você precisa atirar-se e fazer coisas que estão fora de suas principais competências. Mas tais ocasiões precisam ser estrategicamente selecionadas e devem ser a exceção, não a regra.

Todo mês de dezembro, a organização de meu pai, a *In Touch Ministries*, enfrenta o desafio de fazer com que milhares de fitas e livros cheguem às mãos das pessoas até o Natal. Nos dias que antecedem essa data, meu pai vai trabalhar de calça *jeans* para ajudar a empacotar as coisas. Ele não aparece por lá para fazer esse departamento andar. Ele entende a diferença que existe entre suas responsabilidades e suas competências principais. Ele se coloca sob a autoridade dos que são especialistas nesse aspecto da organização.

Alguém pode perguntar: na qualidade de líder, essa é a melhor forma de usar seu tempo? Sim e não. Para as outras 51 semanas do ano, a resposta é não. Se ele gastar a maior parte de seu tempo separando e empacotando coisas, chegaria o dia em que não haveria nenhum produto novo para ser enviado. Mas, para uma semana do ano, essa é absolutamente a melhor forma de utilizar seu tempo.

Estratégica e temporariamente, ele se afasta da arena na qual agrega o mais alto valor para a corporação. Quando faz isso, ele põe o pé dentro de uma arena na qual o apreço que sente é transmitido pessoalmente. Comparecendo durante diversas horas por dia na linha de montagem, ele manda uma mensagem para todos os funcionários, e reafirma a importância da contribuição de cada indivíduo. Agindo como "um dos caras" durante uma semana, ele torna mais nítida a influência que exerce sobre aqueles que o seguem, assim que voltar a vestir paletó e gravata.

> *Procure oportunidades para temporariamente ficar ombro a ombro e também carregar o fardo que alguém de sua organização carrega. Seja estratégico ao escolher a hora de agir. Lembre-se: assim que pisar fora de sua área de competência, não tente liderar. Siga.*

Dentro do contexto de suas responsabilidades atuais e de suas competências principais, o que precisa acontecer para você liberar a maior parte do seu tempo, e assim fazer aquilo que só você pode fazer? Do que você precisa para que seus 20% cheguem a 80%? Nas palavras dos apóstolos, o que você está fazendo que "não é certo"? O que está sendo negligenciado porque seu tempo é consumido em coisas que estão fora de suas principais competências?

À medida que avançar em direção ao ideal, você se tornará cada vez mais valioso para sua organização. À proporção que restringir seu foco, você ampliará as oportunidades daqueles que escolheram segui-lo. De acordo com Stephen Covey, delegar talvez seja a atividade mais poderosa que existe para elevar as coisas a um nível mais alto.[3] Fortaleça sua equipe, deixando cada um deles livre para fazer aquilo que só eles podem fazer. Dessa maneira, você garantirá que sua organização reflita tanto seus pontos fortes quando os pontos fortes daqueles que o cercam.

[3] COVEY, *The 7 Habits of Highly Effective People*, p. 171 [***Os 7 hábitos das pessoas muito eficientes***, **Best Seller, 1999**].

Resumo da seção

Para ser um líder eficiente

- Reconheça que suas forças são limitadas. Faça tudo o que for necessário para descobrir quais são os seus limites. Tão logo os descubra, encontre um ambiente de trabalho que lhe permita concentrar as energias nas poucas coisas que você faz bem porque foi criado para elas.
- Não permita que seu tempo seja consumido por responsabilidades e projetos que exigem habilidades que se desviam de suas competências principais. Essa é a receita para a mediocridade.
- Abrace essa verdade: quanto menos você fizer, mais realizará.
- Restrinja o foco para aumentar a produtividade. Assim, você ampliará a influência que exerce dentro de sua organização.
- Dê poderes aos líderes que o cercam. Você faz isso delegando aquelas responsabilidades que estão fora de sua competência. Alguém está quase implorando para pegar a bola que você deixar cair. Seus pontos fracos são a oportunidades para essas pessoas.
- Lembre-se: grandes líderes sabem quando é hora de ser liderados.

O DESAFIO DA PRÓXIMA GERAÇÃO

1. O que hoje define seu sucesso profissional?
2. Suas competências principais estão alinhadas com as competências necessárias para você obter sucesso em seu emprego?

3. Se você tivesse liberdade de concentrar-se nas duas ou três coisas que faz melhor, quais mudanças faria na sua descrição de cargo atual?
4. O que precisaria ser mudado nas condições de seu emprego atual para que você se concentre nas coisas que mais agregam valor à organização?
5. Separe um tempo para completar os exercícios descritos nas páginas 36 a 37.

Parte 2

CORAGEM

A coragem estabelece a liderança

4
O primeiro passo

Apenas os líderes que agem com ousadia nos tempos de crise e mudança, são voluntariamente seguidos.
JIM KOUZES

Líderes adoram progredir. É o progresso que sempre os faz voltar às tarefas. Nada é mais desencorajador para um líder do que a perspectiva de ficar preso em um ambiente no qual é impossível desenvolver-se. Se não pudermos levar as coisas adiante, então é hora de ir para outro lugar.

Progredir é algo que exige mudança. Para que uma organização, ministério, negócio ou relacionamento progrida, é preciso mudar. Ou seja, é preciso evoluir para algo diferente com o passar do tempo. É preciso que se tornem melhores, mais relevantes, mais disciplinados, mais alinhados e mais estratégicos.

As organizações, porém, assim como as pessoas, resistem às mudanças. Como indicam os autores de *O desafio da liderança*: "Os líderes precisam opor-se a esse processo, exatamente porque qualquer sistema vai inconscientemente conspirar para manter o *status quo* e impedir mudanças".[1] As organizações buscam o equilíbrio. As pessoas nas organizações buscam a estabilidade.

[1] James M. KOUZES & Barry Z. POSNER, *The Leadership Challenge*. São Francisco: Jossey-Bass, Inc., 1987, p. 48 [***O desafio da liderança*, Campus, 2001**].

Ambas podem sufocar o progresso porque o progresso exige mudança, e a mudança é considerada a antítese da estabilidade.

Tenha isto em mente: Todas as coisas de seu ambiente ou organização que lhe causam aversão hoje foram, originalmente, uma boa idéia. Talvez tenham sido consideradas revolucionárias naquela época. Sugerir mudanças é sugerir que faltou perspicácia a seus antecessores. Ou pior: que seu supervisor não captou a idéia! Por conseqüência, é mais fácil deixar as coisas como estão, aceitar o *status quo* e aprender a conviver com isso.

Embora isso possa ser mais fácil, não é uma opção para o líder. Aceitar o *status quo* equivale a aceitar a sentença de morte. Onde não há progresso, não há crescimento. Se não há crescimento, não há vida. Em algum momento, os ambientes destituídos de mudanças ficam destituídos de vida. Assim, os líderes chamam a atenção para a necessidade de fazer mudanças. É uma posição precária, que normalmente coloca em risco a própria carreira. Por causa disso, coragem é uma qualidade inegociável para o líder da próxima geração.

Os líderes contestam o que existe em nome do que pode e deve existir. Essa é a tarefa do líder. Mas é preciso ter "estômago de aço" para contestar o que sempre existiu e aquilo que sempre funcionou no passado. A liderança não se define pelo simples reconhecimento de que a mudança é necessária. O líder é aquele que tem coragem de agir de acordo com sua visão.

Dentro de todas as igrejas, negócios ou organizações sem fins lucrativos que precisam mudar, há um grupo de pessoas bem informadas, com uma consciência aguda das transformações que precisam acontecer. Elas voltam toda noite para casa e atazanam seus cônjuges. Reúnem-se na sala do café e se queixam. Entretanto, dia após dia, vão trabalhar resignadas, acreditando que nada mudará. Estão convencidas de que a tentativa de introduzir mudanças seria um custoso desperdício de tempo, além de potencialmente arriscado. Então, permanecem caladas e ficam olhando para o relógio. Não lhes falta a percepção para descobrir o que precisa acontecer: tais pessoas simplesmente não têm coragem de fazer nada a respeito da situação.

O líder é alguém que tem coragem de dizer em público o que todos estão sussurrando em particular. Não é a percepção que distingue o líder da multidão. É a coragem para agir de acordo com o que ele enxerga, para falar em alto e bom som, enquanto todas as outras pessoas optam pelo silêncio. Os líderes da próxima geração são aqueles que preferem contestar as coisas que precisam de mudança — e pagar o preço por isso — a permanecer quietos e morrer por dentro.

Conforme veremos no capítulo seguinte, o simples fato de falar em alto e bom som tem o potencial de transformar uma pessoa de um mero enfeite organizacional em uma pessoa de influência — um líder.

A coragem é essencial para a liderança porque a primeira pessoa a dar um passo firme em uma nova direção é vista como líder. E ser o primeiro a dar um passo firme exige coragem. Dessa maneira, *a coragem estabelece a liderança.*

Vimos esse princípio em funcionamento quando éramos crianças. Você se lembra de estar cercado por seus amigos, um provocando o outro a fazer algo? Então, repentinamente, alguém começa a fazer e todos vão atrás. Aquele que deu o primeiro passo geralmente é visto como líder. A coragem de agir define o líder e, por sua vez, a iniciativa dele encoraja os que o cercam a segui-lo.

Há dúvidas sobre quem teve a idéia de colocar um computador em cada mesa de trabalho. Mas não há dúvidas sobre quem liderou a indústria de PC durante anos. O pessoal da IBM foi o primeiro a arriscar os recursos necessários para implementar a idéia que mudou definitivamente a indústria de computadores.

Além da necessidade de contestar o que precisa ser mudado, os líderes receberam a incumbência de conduzir pessoas a lugares onde elas nunca estiveram.

Os líderes apresentam a imagem mental do futuro escolhido e, depois, convidam pessoas a segui-los até esse futuro. Exigem dos que estão à sua volta abandonar o conhecido e abraçar o desconhecido, sem dar-lhes garantia de sucesso. Na qualidade de líderes, estamos pedindo a homens e mulheres que, além de nos seguir até um lugar onde *eles* nunca estiveram, também nos sigam até um lugar onde *nós* também nunca fomos. Isso exige "estômago de aço". Exige sangue-frio. Exige coragem.

Todos nós conhecemos o medo de andar em uma sala escura ou de atravessar uma rua sem iluminação. Conduzir pessoas até o futuro evoca muitos desses sentimentos. A liderança exige coragem para andar no escuro. A escuridão é a incerteza que sempre acompanha a mudança. O mistério de não saber se uma empreitada levará ou não a algum lugar. O receio inicial que todo mundo sente quando uma nova idéia é apresentada. O risco de estar errado.

Quando meus filhos saem da escuridão do quarto ou do porão, eu rapidamente os faço lembrar que, embora eles estejam com medo, não estão correndo perigo. Não importa quão verdadeiras minhas palavras sejam, elas nunca ajudam. O medo desafia a lógica. A informação não passa desse ponto. Até mesmo quando nos armamos de todos os motivos para não temer, o medo permanece.

É por isso que a escuridão oferece ao líder as maiores oportunidades. É sua reação diante da escuridão que determina em grande parte se ele será, ou não, chamado para liderar. Pois é a escuridão que impede a pessoa comum de dar um passo decisivo e deixar a segurança proporcionada por aquilo que sempre existiu.

Contudo, muitos que não têm coragem de tomar a dianteira esperam ansiosamente por alguém que dê o primeiro passo, vá na frente, mostre o caminho. Pode-se dizer que a escuridão proporciona um contexto ideal para a liderança. Afinal, se a trilha que leva ao futuro estivesse bem iluminada, estaria lotada de gente.

Nem sempre os líderes são os primeiros a *enxergar* uma oportunidade. Eles simplesmente são os primeiros a *aproveitar* uma oportunidade. Quem aproveita a oportunidade é que surge como líder. Mas o medo já deixou muitos líderes potenciais no meio-fio da calçada, enquanto as oportunidades desfilavam pela rua. Não lhes faltou percepção, faltou-lhes coragem.

> *Nem sempre os líderes são os primeiros a enxergar a necessidade de mudança, mas eles são os primeiros a agir. E, afastados de uma situação pré-fabricada, estão em posição de liderar.*

Pense por um instante nas experiências de vida que você teria perdido se tivesse cedido ao medo. É provável que nunca tivesse aprendido a nadar ou andar de bicicleta. Você nunca teria chamado alguém para sair. A maioria dos homens nunca teria casado. Teríamos cancelado todas as entrevistas de emprego. Nenhum de nós seria capaz de esquiar. Muitos de nós não teriam carteira de habilitação. O medo descontrolado resulta em oportunidades perdidas.

Esta é a lição que tenho estudado repetidamente com meus filhos: "Se você não vencer seu medo, estará perdendo algumas das coisas mais importantes da vida".

Com freqüência eu me vejo forçando-os a experimentar coisas que eles não experimentariam por si mesmos. Mais tarde, sentamos e conversamos sobre a dinâmica do que aconteceu. Na maioria dos casos, o que começou com muito medo termina com muita diversão.

Já fizemos isso tantas vezes que agora eles olham para mim e perguntam: "Essa é uma daquelas coisas que vai nos deixar felizes depois que terminarem?".

Nossa primeira viagem para fazer *rafting* em corredeiras é um desses exemplos. Estávamos na Carolina do Norte, com diversos outros pais e seus filhos. Depois de o guia nos equipar com coletes salva-vidas e remos, ele começou a repassar em detalhes os perigos do *rafting* em corredeiras. Após vinte minutos de "o que fazer em caso de", meus filhos olhavam para mim com aquele olhar de "não sei se isso vai dar certo". Quando o guia terminou, todos nós entramos na *van* e subimos a montanha.

A estrada que levava ao local corria paralelamente ao rio. Andrew, que tinha 9 anos naquela época, não conseguia tirar os olhos das corredeiras. Ele estava visivelmente nervoso. Depois de quinze minutos de viagem, ele virou para mim e disse: "Pai, já sei que não vou querer fazer *rafting* quando chegarmos lá. Só peço que você me obrigue a fazer mesmo assim". Eu o abracei e assegurei que faria o que ele pediu.

"Fazer, seja como for", é realmente a única forma de garantir que o medo não vá privá-lo de uma oportunidade. "Fazer, seja como for", é a essência da coragem. Coragem é a disposição para prosseguir em uma direção a despeito das emoções e pensamentos que lhe propõem fazer outra coisa.

Coragem não é ausência de medo. A coragem pressupõe o medo. Se tivéssemos esperado até que o medo diminuísse para daí nos atirarmos na parte alta das corredeiras, ainda estaríamos lá, esperando. Nós pulamos mesmo assim. Coragem é a disposição para domar seu medo e prosseguir.

O líder que se recusa a prosseguir até que o medo passe, nunca prosseguirá. Conseqüentemente, nunca liderará. O futuro está sempre associado à incerteza, que pressupõe o risco. Liderança é mover-se com ousadia em direção ao futuro, a despeito da incerteza e do risco. Sem coragem, nós simplesmente teremos uma coleção de boas idéias e lamentos. O que pode existir e deve existir não existirá... pelo menos não sob nosso cuidado. Em algum momento surgirá alguém que aproveitará a oportunidade que deixamos passar.

Pergunte a líderes veteranos a respeito da tolerância que têm ao risco, e eles dirão a você a mesma coisa: "Gostaria de ter corrido mais riscos". Em outras palavras, eles gostariam de não ter permitido que o medo dominasse suas aspirações. Max De Pree fez o seguinte comentário: "A indisposição de aceitar riscos já jogou no atoleiro mais líderes que qualquer outra coisa que eu possa imaginar".[2]

Líderes experimentados raramente lamentam-se de ter corrido riscos. Até mesmo os riscos que não resultaram em dividendos diretos são vistos como parte necessária da jornada. Os lamentos de um líder geralmente giram em torno de oportunidades perdidas, não de riscos assumidos. Muitas dessas oportunidades perdidas não teriam sido perdidas caso eles estivessem dispostos a enfrentar seus medos e realizado o que podiam fazer. É o medo, não a falta de boas idéias, que normalmente faz homens e mulheres sentar-se no meio-fio da calçada.

O medo do fracasso é algo que os humanos compartilham. Mas os líderes enxergam o fracasso de maneira diferente. Conseqüentemente, eles não temem o fracasso da mesma maneira que as pessoas comuns.

Eis a diferença: *Cedo ou tarde, o desejo que o líder sente pelo progresso sobrepuja a relutância em assumir riscos*. Em outras palavras, não fazer as coisas andar para a frente é o tipo de fracasso que os líderes mais temem. Para um líder, o fracasso é definido em termos de oportunidades perdidas, e não de empreitadas malsucedidas.

O líder consegue conviver com o fracasso de uma empreitada específica. Pode até mesmo rir da situação. Uma iniciativa fracassada é apenas uma lição sobre o que não deve ser repetido. Os líderes têm muito mais facilidade para conviver com a idéia de tentar e fracassar do que com a idéia de nem mesmo ter tentado.

[2] Max De Pree, *Leadership Jazz*. New York: Doubleday, 1992, p. 144.

Eles têm mais medo de oportunidades perdidas do que de empreitadas malogradas.

O fracasso faz parte do sucesso. Os líderes veteranos enxergam o fracasso simplesmente como um capítulo necessário na sua história: lições aprendidas, lições essenciais para o sucesso no futuro. Os líderes sabem que o fracasso causa uma sensação completamente diferente quando o observamos pelo retrovisor e quando o observamos pelo pára-brisas.

Pergunte a um líder bem-sucedido como ele superou o medo de fracassar. O mais provável é que ele não dará uma boa resposta. Por quê? Porque ele nunca pensou sobre isso. Então, para uma pessoa comum, os líderes parecem destemidos. A verdade é que os líderes simplesmente não temem o que as outras pessoas temem.

Eles sabem que a melhor forma de assegurar o sucesso é assumindo riscos. Embora o homem ou a mulher comuns tenham medo de *dar um passo* na direção de uma oportunidade nova, os líderes temem *deixar passar* uma oportunidade nova. A cautela exagerada gera fracasso, porque a cautela pode fazer com que as oportunidades passem em branco.

O senhor Tom Watson, fundador da IBM, entendeu o princípio. Um executivo iniciante da companhia certa vez conseguiu perder mais de 10 milhões de dólares em uma operação que era considerada arriscada até mesmo por quem conhecia a empresa. Quando Watson soube do desastre, chamou o jovem em sua sala. Assim que entrou, as palavras saltaram da boca do rapaz: "Imagino que o senhor queira meu pedido de demissão...". Diz-se que a resposta de Watson foi: "Você não pode estar falando sério. Já gastamos 10 milhões de dólares para treiná-lo".[3]

Não é possível liderar sem correr riscos. E você não correrá riscos se não tiver coragem. A coragem é essencial para a liderança.

[3] Warren BENNIS & Burt NANUS, *Leaders*. New York: Harper Perennial, 1985, p. 76 [***Líderes*, Harbra, 1988**].

5
À distância de um tiro de pedra

Por isso não tema, pois estou com você; não tenha medo,
pois sou o seu Deus. Eu o fortalecerei e o ajudarei;
eu o segurarei com a minha mão direita vitoriosa.
ISAÍAS 41.10

Por todo o Antigo Testamento, Deus orienta reis e líderes militares a ser corajosos e a liderar com coragem. O Antigo Testamento está cheio de narrativas que ilustram a necessidade de coragem na vida do líder. Ester, Josué, Gideão, Moisés... A lista parece não ter fim. Esses homens e mulheres ganharam a oportunidade de causar mudanças. Em todos os casos, perceberam que precisavam ter *coragem* para usar sua influência naquela situação.

Talvez Davi seja a figura mais jovem do Antigo Testamento a distinguir-se por causa de um ato de coragem. Davi liderava para a próxima geração. Era um jovem seguro de si, apto a fazer a diferença.

Apesar disso, a julgar por todas as aparências externas, ele era o filho esquecido de um homem rico. Sua obrigação principal era pastorear ovelhas. Mas Davi era um líder latente. Deus o dotou com as habilidades necessárias para liderar uma nação. Além do mais, Deus o tinha escolhido para ser o próximo rei. Mas como você abre caminho para deixar de ser pastor de ovelhas e tornar-se rei? Além disso, todo mundo sabe que o filho do rei é o primeiro na linha sucessória; não um jovem pastor de ovelhas malcheiroso.

O que torna a história de Davi tão relevante para nossa discussão é como sua coragem o distinguiu como líder. A liderança desse rapaz foi estabelecida por sua coragem — não por seu talento nem pelo chamado que recebeu de Deus. O talento de Davi nunca teria sido descoberto se fosse algo à parte de sua coragem. Um ato de coragem o lançou no palco da expressão nacional em Israel. Sua coragem para agir diante do que viu foi o catalisador que desencadeou uma série de acontecimentos providenciais.

O evento que estabeleceu Davi como líder da nação de Israel teve início por causa de um impasse militar entre o exército do rei Saul e o exército dos filisteus. Os filisteus reuniram-se para a batalha a aproximadamente 24 quilômetros a oeste de Belém, na colina que dá vista para o vale de Elá. O exército de Israel montou acampamento no outro lado do vale. Essa é uma típica estratégia militar: posicionar-se em um local mais alto e esperar que seu inimigo ataque.

O que aconteceu em seguida foi um tanto incomum, penso eu. Golias, o campeão filisteu, saiu de entre as fileiras de seu exército e desafiou Saul: que Saul mandasse um guerreiro israelita até o vale para enfrentá-lo. Quem matasse seu oponente ganharia a guerra.

> Golias parou e gritou às tropas de Israel: "Por que vocês estão se posicionando para a batalha? Não sou eu um filisteu, e vocês os servos de Saul? Escolham um homem para lutar comigo. Se ele puder lutar e vencer-me, nós seremos seus escravos; todavia, se eu o vencer e o puser fora de combate, vocês serão nossos escravos e nos servirão" (1Samuel 17.8,9).

Naquela época valer-se do melhor guerreiro para enfrentar o campeão do exército inimigo era uma prática comum — mas para questões menores, tais como disputas sobre linhas demarcatórias ou acesso à água. Ninguém tinha ouvido falar de uma guerra entre reinos inimigos ser decidida dessa maneira. Quem, em sã consciência, apostaria a nação inteira nas habilidades combativas de um guerreiro? Bem, ninguém, a menos que esse guerreiro fosse Golias. É desnecessário dizer que ninguém no exército israelita estava ansioso para se tornar um herói.

> E acrescentou: "Eu desafio hoje as tropas de Israel! Mandem-me um homem para lutar sozinho comigo". Ao ouvirem as palavras do filisteu, Saul e todos os israelitas ficaram atônitos e apavorados (1Samuel 17.10,11).

Embora fosse verdade que Golias representava uma ameaça à segurança de Israel, ele também representava outra coisa: uma oportunidade. Onde houver medo, ali haverá uma oportunidade. Onde houver medo intenso, ali haverá uma grande oportunidade.

Embora Saul, com seu exército de veteranos calejados pelos combates, estivesse consumido pelo medo, um jovem, um desconhecido pastor de ovelhas, viu uma oportunidade e a aproveitou.

A chegada de Davi, aparentemente uma coincidência, realça um tema que se repete na vida dos líderes de destaque em toda a história. Davi não apareceu com a intenção de se tornar um herói militar. Ele estava lá por um motivo completamente diferente. Estava apenas entregando cereais e pães a seus irmãos, como seu pai o havia mandado fazer. Ele não estava procurando uma oportunidade. Ele estava procurando seus irmãos. Mas, quando viu Golias, Davi reuniu a coragem necessária para tirar proveito da oportunidade que não passava de um sonho para outros guerreiros.

Quando escuto líderes contando suas histórias, não dou muito ouvidos para planejamento estratégico e definição de metas. Fico com os ouvidos bem abertos para a maneira que eles têm de identificar as oportunidades e agir diante delas. Estratégias e metas têm seu lugar, mas não definem a liderança. Os líderes enxergam e aproveitam as oportunidades. Na maioria dos casos, as oportunidades os pegam de surpresa.

Então, Davi abriu caminho até a linha de frente do exército, bem a tempo de ouvir Golias insultar o exército de Israel. Mas ele também ouviu algo a mais. Saul, em seu desespero, começou a oferecer uma recompensa para o homem que lutasse contra Golias e o derrotasse. No momento em que Davi chegou, a aposta já era bem alta: riqueza, a mão da filha de Saul e isenção de impostos (veja 1Samuel 17.25). Tudo isso para matar um soldado que se levantava contra o exército de Deus? Aí estava uma oportunidade à qual Davi não conseguiria resistir. Depois de certificar-se duas vezes de que tinha ouvido corretamente, Davi largou seus pacotes e alistou-se para a tarefa.

O que diferenciou Davi de todos os outros soldados do exército de Saul? Não foi o talento. Não foi sua capacidade de liderar. Nem mesmo foi o fato de ele ter reconhecido uma oportunidade incrível. Foi a coragem de agarrar aquilo a que todos os outros só ficaram assistindo. A coragem catalisou sua liderança.

O capítulo seguinte da história é um tanto confuso. Por que o rei Saul enviaria um pastor de ovelhas, jovem e despreparado, para representar seu exército? Talvez a natureza do desafio exigisse uma reação, e Saul não teve outra opção que não a de mandar o único que se oferecera como voluntário.

Em todo caso, Saul não estava disposto a permitir que Davi descesse o vale parecendo um pastor de ovelhas. Então, ele se prontificou a emprestar sua armadura para Davi. Quando isso não deu resultado, o jovem pastor assegurou ao rei que tudo ficaria bem: "O Senhor que me livrou das garras do leão e das garras do urso me livrará das mãos desse filisteu" (1Samuel 17.37).

Quando Davi deixou a barraca do rei, fez algo que ilustra uma diferença crucial que normalmente é negligenciada nas discussões relacionadas à liderança e à coragem:

> Em seguida [Davi] pegou seu cajado, escolheu no riacho cinco pedras lisas, colocou-as na bolsa, isto é, no seu alforje de pastor, e, com sua atiradeira na mão, aproximou-se do filisteu (1Samuel 17.40).

Davi foi corajoso, mas não foi imprudente. Há uma diferença entre agir com coragem e ser imprudente. Pergunte aos que trabalham com animais selvagens, e eles prontamente explicarão a diferença. É necessária uma grande dose de coragem para manipular uma cobra venenosa. Mas a falta de cuidado pode custar-lhe a vida.

Os líderes dignos de ser seguidos sempre são cuidadosos. São cuidadosos porque seu zelo com aqueles que escolheram segui-lo é genuíno. Cedo ou tarde, o líder descuidado será considerado imprudente por aqueles que lhe confiaram seu futuro.

Davi era corajoso e cuidadoso. Ele não correu vale abaixo estimulado pela adrenalina e pela possibilidade de se tornar um herói nacional. Ele não foi apanhado pelo momento. Ele não se deixou pressionar pelo tempo. Levou a sério seu inimigo. Apostou em seus pontos fortes — isto é, em um cajado e pedras.

> *Líderes compreendem as regras singulares da confiança e da cautela. A coragem exige as duas coisas.*
>
> *A cautela de Davi não o impediu de ir à batalha. Tampouco permitiu que sua confiança o cegasse para a necessidade de escolher cuidadosamente as pedras.*

Infelizmente, o medo muitas vezes se disfarça atrás da máscara do cuidado. Pessoas amedrontadas normalmente justificam o medo dizendo que são cautelosas.

"Não estou com medo, estou apenas sendo cauteloso."

"Pois é, não dá para apressar essas coisas."

Sinceramente, duvido que o rei Saul, ou que a maioria do exército, admitiria estar com medo de enfrentar Golias. Afinal, eles eram soldados. Mas, por trás de toda aquela conversa sobre calcular os riscos e das discussões a respeito do que era melhor para o país, eles simplesmente estavam com medo.

Como você avalia sua reação diante dos riscos envolvidos na liderança: você é cuidadoso ou temeroso? Cada líder da próxima geração precisa debater-se com essa pergunta até dominá-la. As coisas que você desconhece *têm a capacidade* de ferir você. Como líder, o que você desconhece pode paralisá-lo. Você é consumido por pensamentos como estes:

- E se não der certo?
- E se eu estiver errado?
- O que as pessoas vão pensar de mim?

Pare um instante para pensar em cada uma das seguintes contraposições: qual delas descreve você mais precisamente?

- A cautela é racional; o medo é emocional.
- A cautela é alimentada pela informação; o medo é alimentado pela imaginação.
- A cautela calcula os riscos; o medo evita os riscos.
- A cautela quer alcançar o sucesso; o medo quer evitar o fracasso.
- A cautela está ligada ao progresso; o medo está ligado à proteção.

Saul e seus soldados estavam com medo. Não fizeram nada. Davi foi cauteloso. Ele seguiu em frente cautelosamente. Quando estava pronto, desceu ao vale sozinho para encarar Golias. Então, depois de uma breve e intensa discussão, Davi levantou seu estilingue e matou o gigante.

Naquele momento, duas coisas importantes aconteceram. Em primeiro lugar, aconteceu uma inversão instantânea no ânimo reinante no campo de batalha. O exército de Israel foi subitamente tomado de coragem e disposição para lutar. Os filisteus, que momentos antes provocavam os israelitas batendo com as mãos no peito, correram para salvar cada um sua própria vida.

> Quando os filisteus viram que o seu guerreiro estava morto, recuaram e fugiram. Então os homens de Israel e de Judá deram o grito de guerra e perseguiram os filisteus até a entrada de Gate, e até as portas de Ecrom (1Samuel 17.51,52).

Davi, por meio de seu ato de bravura, deu a todo um exército algo que eles precisavam muito: coragem.

Isso vai direto ao coração da liderança. Os líderes instilam coragem no coração daqueles que os seguem. Isso raramente acontece apenas com palavras. Normalmente requer ação. Com isso retornamos ao que afirmei anteriormente: alguém tem de ir primeiro. Sendo o primeiro a ir, o líder transmite confiança para aqueles que o seguem. Dessa maneira, os líderes abrem o caminho.

Em 1991 realizei minha primeira peregrinação à Willow Creek Community Church, em Barrington, Illinois. Nos meses que precederam minha visita, estive pensando em fazer algumas mudanças significativas em meu ministério. Mas, para ser franco, eu estava amedrontado. As coisas em que eu estava pensando representavam um afastamento total do estilo e da filosofia de ministério com a qual eu tinha crescido. Intuitivamente, eu sabia que precisava mudar essas coisas. Mas diversas pessoas que respeito muito me disseram que essa abordagem nova não surtiria efeito. Certo colega me garantiu que "Deus não vai abençoar isso". Assim como o exército de Israel, permaneci à margem, ansiando pela coragem para marchar vale abaixo e fazer o que eu sabia que precisava ser feito.

Aqueles quatro dias em Barrington mudaram tudo. Bill Hybels e seus incríveis colaboradores fizeram por mim o que Davi fez pelo exército de Israel: eles me deram coragem para tentar algo novo. Eles abriram o caminho para mim. Eu só precisava ver alguém ir primeiro. Assim que vi, encontrei coragem para seguir — e para liderar.

Como líder da próxima geração, você será convocado a ir na frente. Isso exigirá coragem. Mas, ao dar o primeiro passo, você concederá o dom da coragem àqueles que estão observando. E, dependendo da situação, esse ato de coragem, mesmo sendo único, pode mudar a disposição de uma organização inteira. A coragem em um momento estratégico pode mudar dramaticamente o terreno onde as coisas acontecem.

Outra coisa importantíssima aconteceu no momento em que Davi derrubou Golias: Davi se tornou um líder digno de ser seguido, tanto aos olhos dos que presenciaram essa vitória quanto aos olhos daqueles que, mais tarde, ouviram falar a respeito de seu ato de coragem. As mulheres de Israel cantavam sua grandeza.[1] O filho do rei fez um pacto com ele.[2] O rei passou a olhá-lo com desconfiança.[3] Todos perceberam que havia algo especial naquele garoto de Belém. E estavam certos.

Mas esse algo especial já estava em Davi antes do incidente com Golias. Deus havia chamado e preparado Davi para liderar. Mas foi necessário um ato de coragem para que o chamado fosse reconhecido pelo público. Matar Golias não transformou Davi em líder, mas o caracterizou como tal. O acontecimento no vale de Elá não preparou Davi para liderar, mas certamente mostrou que valia a pena segui-lo.

O que as pessoas viram em Davi estava ali todo o tempo.

Na qualidade de líder da próxima geração, você já possui a intuição e o talento necessários para liderar. No entanto, é a *coragem* que mais provavelmente firmará você como líder na mente das pessoas. Para colocar as coisas em perspectiva, faça um exercício: tente identificar um líder digno de ser seguido, e que não

[1] 1Samuel 18.6,7.

[2] 1Samuel 18.3,4. Quando Jônatas entregou a Davi sua capa e armas, na verdade ele estava empenhando suas posses e proteção a Davi.

[3] 1Samuel 18.9.

tenha aparecido no radar da opinião pública em conseqüência de uma decisão ou ação que exigiu coragem.

Os líderes que reverenciamos e imitamos constam das páginas da história por causa das oportunas demonstrações de coragem. Talvez ele tenha tido coragem no campo de batalha ou na sala da diretoria, coragem para defender os indefesos, ou simplesmente coragem para tentar o que ninguém considerou ser possível. Os nomes e o contexto mudam, mas, em todas as biografias dos líderes dignos de ser ser seguidos, encontramos um tema constante: a coragem para agir. Na maioria dos casos, foi a coragem deles que os firmou como líderes aos olhos do público.

Há muitos anos, imprimi a seguinte pergunta e a coloquei em um lugar de destaque no meu escritório. Assim, sou obrigado a lê-la todos os dias: *O que acredito ser impossível de realizar em minha área de atuação... mas que, caso pudesse ser realizado, causaria uma mudança fundamental no meu negócio?*

Adoro essa pergunta. Ela me obriga a pensar para fora dos limites daquilo que já foi feito. Isso é seguro. Mas tentar uma solução para um problema que causa aborrecimento a um ramo inteiro de atividade — a igreja local, no meu caso — é algo que requer coragem. O que hoje se considera impossível — um obstáculo insuperável — é o contexto para a próxima mudança de paradigmas de sua área de atuação ou ministério.

Em 1999, o feito impossível diante de nossa igreja era o seguinte: como dobrar o espaço de culto, em um ano, sem construir uma área de culto duas vezes maior que a existente?

"Como?"

Direi novamente. Precisávamos dobrar o espaço para o culto em um ano a fim de acompanhar o crescimento da igreja. Mas não queríamos construir um novo espaço de culto suficiente para o dobro de pessoas. É extremamente caro construir e manter grandes áreas de culto. E quando se acomodam 2 mil pessoas em uma área que pode acomodar 10 mil, parece que o ambiente fica vazio.

Então, fizemos algo que, até onde sabemos, ninguém fez. Construímos um segundo espaço de culto, idêntico ao primeiro em forma e tamanho. Os dois estão posicionados costas com costas e são conectados pelos palcos. Usando três telões, conseguimos reproduzir no novo espaço de culto exatamente o que está acontecendo a poucos metros de distância, no edifício original.

As pessoas vêm de todos os cantos da cidade para ver os santuários siameses. Por quê? Porque fomos os primeiros a tentar isso. Por termos sido os primeiros, somos vistos como líderes. Não somos a igreja mais articulada nem a mais avançada em termos tecnológicos. Mas fomos os primeiros a investir dinheiro e energia para solucionar um problema que muitas igrejas enfrentam toda semana.

Nossa próxima tentativa de atacar o problema de espaço é construir múltiplos espaços e conectá-los usando tecnologia. Não somos os primeiros a tentar isso. Mas ainda está em julgamento se essa é uma solução viável a longo prazo. O único jeito de descobrir é tentar. E, em vez de ficarmos parados, esperando para verificar se esse modelo é sustentável, optamos por mergulhar de cabeça e ver se conseguiríamos fazer funcionar.

É isso o que os líderes fazem. E isso requer coragem. Nunca esquecerei o dia em que entrei no segundo espaço de culto e pensei: *O que estamos fazendo? Acabamos de construir dois auditórios idênticos, um ao lado do outro! E se isso não funcionar?*

Mas funcionou.

Em sua área de atuação, empresa ou ministério, as pessoas estão empoleiradas no alto da montanha, olhando fixamente para o vale, pensando e desejando, mas sem tomar a iniciativa? Em sua área de atuação, empresa ou ministério, há oportunidades que ainda não foram exploradas porque ninguém teve coragem de dar o primeiro passo?

Quais são essas oportunidades? Faça uma lista.

À medida que você completa a lista, uma voz baixinha dentro de você vai sussurrar: "Você vai precisar mais do que coragem para levar a cabo essa idéia; vai precisar de capital". A essa altura você pode ser tentado a largar sua caneta e voltar para a segurança e o conforto, ou seja, para a maneira que as coisas sempre foram feitas. Mas, antes de você retirar-se para sair da tenda, deixe-me lembrá-lo de duas coisas: o capital pega carona com a coragem, e o *que* sempre precede o *como*.

O CAPITAL PEGA CARONA COM A CORAGEM

A coragem para sonhar sempre precede o capital necessário para financiar o sonho. Movimentos, momentos definidores em uma área de atuação, avanços decisivos nos negócios, tudo isso começa com a coragem, não com o capital. Não se intimide com os números. Se as grandes inovações começassem com capital, os agentes financeiros estariam abrindo caminho para desenvolver produtos, solucionar problemas e inovar. Evidentemente não é isso o que acontece. Não tenha medo de se envolver com um problema para o qual você não tem recursos.

O *QUE* SEMPRE PRECEDE O *COMO*

O único modo de determinar *como* algo pode ser feito é recusando-se a tirar os olhos daquilo *que* precisa ser feito. Não deixe o *como* intimidar você. O fato de esse *como* ser tão desafiador é exatamente o que lhe dá uma grande oportunidade. Como já dissemos, se o caminho que leva ao futuro fosse bem iluminado, estaria apinhado de gente. Se o *como* não fosse um problema, alguém já teria encontrado a solução.

O que é impossível de se fazer em sua área, mas que, se pudesse ser feito, causaria uma mudança fundamental em seu negócio?

Alguém precisa fazer essa pergunta. Por que não você? Afinal, problemas que ainda não foram solucionados são portais para o futuro. O futuro pertence àqueles que têm a coragem de fazer a pergunta, e que têm a tenacidade para insistir até descobrirem ou inventarem uma resposta.

6
Três expressões de coragem

Começar sozinho e com as mãos vazias só afugenta os melhores homens. Indica também claramente a certeza que têm de que Deus está com eles.

Perfil de três reis[1]

Como indicamos anteriormente, a liderança requer coragem para contestar o que existe em nome do que poderia existir. Mas a necessidade de coragem vai além da responsabilidade do líder de contestar a realidade atual. Quero apresentar-lhes três expressões específicas de coragem, que são essenciais para quem aspira ser um líder digno de ser seguido. Essas três expressões de coragem normalmente escapam aos líderes da próxima geração.

1. A CORAGEM PARA DIZER NÃO

Logo no início de nossa formação como líderes, supomos que, quando a oportunidade bate à porta, precisamos atender e acolher todo aquele e tudo aquilo que surgir. Mas Mike Nappa estava certo quando escreveu: "Oportunidade não é igual a obrigação".[2] A capacidade de identificar, e de concentrar-se somente nas poucas coisas que são necessárias, é a marca distintiva da liderança grandiosa.

1 Gene Edwards. São Paulo: Vida, 2007, p. 70. [N. do E.]

2 Mike Nappa, *The Courage to Be Christian*. West Monroe, La.: Howard Pub., 2001, p. 81.

Em seu livro *Empresas feitas para vencer*, Jim Collins encoraja líderes de empresas a desenvolver uma lista "pare de fazer":

> A maioria de nós leva uma vida ocupada, mas indisciplinada. Nossas listas de pendências sempre ficam maiores. Nós tentamos gerar impulso ao fazer, fazer, fazer — e fazer mais. Raramente isso funciona. Entretanto, aqueles que criaram companhias — as que eram boas e agora são excelentes — têm usado tanto as listas "pare de fazer" quanto as listas de "pendências". Eles exibiram uma disciplina notável para se desplugarem de toda espécie de refugo que não lhe diziam respeito... Eles exibiram a coragem notável de canalizar seus recursos para somente uma ou poucas áreas.[3]

Não permita que as diversas boas oportunidades desviem sua atenção da oportunidade única que tem o máximo potencial. Aprenda a dizer não. A queixa que mais ouço a respeito da maioria dos líderes jovens é a incapacidade de manter o foco. Cedo ou tarde, a falta de foco pode traduzir-se em perda da visão. Quando a visão fica embaçada, as pessoas não conseguem segui-la.

Líderes e organizações prejudicam a própria eficiência quando se enredam em uma série de "oportunidades" desconectadas entre si. Al Ries, no seminal livro *Foco*, fez uma observação parecida:

> Minha experiência é que grandes líderes, a despeito de uma enormidade de distrações, sabem como manter as coisas em foco. Eles sabem como inspirar e motivar seus seguidores a continuar impulsionando "a oportunidade mais importante". Não permitem que questões secundárias os dominem.[4]

O motivo comum para dizermos não é que ficamos com medo. Temos medo de decepcionar as pessoas. Temos medo de que elas

[3] Jim Collins, *Good to Great*. New York: HarperCollins, 2001, p. 139–40 [*Empresas feitas para vencer*, Campus, 2001].

[4] Al Ries, *Focus*. New York: Harper Business, 1996, p. 78 [*Foco*, Makron Books, 2000].

não tomem conhecimento de nós. Temos medo de perder uma boa oportunidade. Mas, em algum momento, o líder precisa lidar com o fato de que sempre haverá mais oportunidade do que tempo para "correr atrás" delas. Se não escolhermos cuidadosamente as oportunidades, vamos dispersar os esforços entre várias empreitadas. Em algum momento, recusar-se a dizer não roubará do líder sua oportunidade definitiva — a oportunidade de agir de acordo com seus pontos fortes.

Escolha cuidadosamente suas oportunidades. Vale a pena deixar passar muitas das oportunidades. Simplesmente diga não.

2. CORAGEM PARA ENFRENTAR A REALIDADE DO MOMENTO

Além de saber quando dizer não, os líderes da próxima geração precisam estar dispostos a enfrentar a realidade do momento. Quando alguém se recusa a encarar a realidade, chamamos isso de negação. Dizemos que a pessoa está doente. O mesmo vale para as organizações. À semelhança dos indivíduos, com freqüência as organizações vivem em negação. A negação é a evidência de uma organização insalubre. Não é de se admirar que as organizações em negação normalmente sejam lideradas por pessoas que estão em negação a respeito da situação presente. Eles se recusam a encarar os fatos. Peter Senge acertou em cheio quando escreveu:

> Uma visão precisa, perceptiva, da realidade do momento é tão importante quanto uma visão cristalina. Infelizmente, a maioria de nós têm o hábito de enviesar a leitura que fazemos da realidade atual.[5]

Sendo líderes, queremos crer que tudo está bem. Nosso ego e nossa auto-estima estão inexoravelmente entrelaçados com nossa

[5] Peter M. SENGE, *The Fifth Discipline*. Nova York: Currency/Doubleday, 1990, p. 155 [*A quinta disciplina*, Qualitymark, 1995].

capacidade de liderar. A vida é boa quando estamos liderando bem. Então, como descreve Senge, a tendência é dar uma interpretação positiva a todas as coisas imagináveis e, ao mesmo tempo, ignorar as evidências contrárias. Evidentemente, o perigo é que, com o passar do tempo, perderemos de vista o que de fato está acontecendo à nossa volta.

A igreja é o grande exemplo disso. Todos os anos os líderes denominacionais se reúnem em congressos para comparar estatísticas, fazer premiações e ouvir discursos. Ao longo de um ano, centenas de milhões de dólares são gastos em programações e em cultos semanais. Tudo isso é feito sob a bandeira de "fazer discípulos" ou de "transformar vidas". Mas a verdade é que há pouco serviço a mostrar em todos esses encontros, mensagens e atividades especiais para mães. A igreja faz mais jantares do que discípulos. E, embora haja uma compreensão geral de que as coisas não estão bem, o freqüentador médio da igreja se contenta em aparecer uma vez por semana, passar ali algum tempo e fingir que está tudo bem.

Howard Hendricks, autor e professor de seminário, foi recentemente solicitado a avaliar os números decrescentes de determinada igreja. Depois de participar dos cultos, ele se encontrou com a diretoria e fez uma recomendação: "Coloquem uma cerca em torno da igreja e passem a cobrar ingresso. Assim, as pessoas poderão vir e ver como uma igreja funcionava na década de 1950".[6] Em outras palavras, encarem o fato: vocês ficaram para trás, muito para trás.

Os líderes dignos de ser seguidos estão dispostos a admitir a realidade do momento, independentemente de quão desanimadora ou constrangedora ela possa ser. Para esse tipo de liderança, é preciso ser implacável na busca pela verdade sobre o que acontece à sua volta. Você precisa criar o hábito de acabar com as informações erradas e recusar-se a recompensar aqueles que as fornecem.

[6] Incluso em uma palestra feita na 2000 Catalyst Conference em Atlanta, Geórgia.

Agindo assim, você criará uma cultura que é saudavelmente transparente diante do que está ou não está acontecendo.

Durante a 2ª Guerra Mundial, Winston Churchill criou aquilo que chamou de Gabinete de Estatística. O propósito dessa organização era garantir que ele seria informado dos fatos brutais. Para proteger essa unidade da burocracia que o cercava, ele colocou o Gabinete de Estatística fora da cadeia de comando dos generais. Ele era sensato o suficiente para reconhecer que seria impossível tomar decisões acertadas sem informações precisas e, por vezes, dolorosas. O mesmo vale para você. Mas encarar a dolorosa verdade requer coragem.

> *Delinear e implementar uma estratégia para mudar é um desperdício de tempo, enquanto você não descobrir e admitir a realidade do momento. Se, de fato, você não sabe onde se encontra, é impossível chegar aonde precisa chegar. Aquilo que você desconhece pode matá-lo.*

É impossível gerar crescimento ou progresso sustentável caso seu plano para o futuro não esteja firmado na realidade. Quando — uma após a outra — suas estratégias grandiosas dão em nada, isso é evidência de capacidade inferior ou ausência de interesse. Em outras palavras, houve algo a respeito da realidade do momento que você desconsiderou. Jim Collins disse: "A liderança não começa somente com a visão. Começa quando as pessoas passam a confrontar os fatos em estado bruto, e a agir de acordo com suas implicações".[7] Se não formos cuidadosos, vamos ignorar os fatos em estado bruto. Em vez de olhar para a realidade, agiremos de acordo com nossa interpretação do que é a verdade.

Com freqüência, encarar a realidade causa repulsa, mas é sempre necessário. Causa repulsa porque talvez implique reconhecer

[7] Collins, *Good to Great*, p. 89 [*Empresas feitas para vencer*, **Campus, 2001**].

que você não está tão adiante quanto pensava estar. É necessário porque você não chegará aonde precisa chegar se não souber onde está e por onde começar. É por isso que todas as reviravoltas bem-sucedidas, seja nos negócios ou em organizações sem fins lucrativos, começa com uma missão intensa de busca aos fatos. A reviravolta em uma organização começa com a descoberta da verdade — a verdade que a administração anterior se esforçou tanto para ignorar.

Para garantir que nossa liderança tenha os pés firmados na realidade, precisamos viver de acordo com os sete mandamentos da realidade do momento:

1. Não fingirás.
2. Não farás vista grossa.
3. Não exagerarás.
4. Não atirarás no portador de notícias ruins.
5. Não te esconderás atrás de números.
6. Não ignorarás críticas construtivas.
7. Não te isolarás.

A tentativa de liderar fazendo vista grossa para a realidade é o mesmo que andar sobre as águas: dura menos que um instante. Cedo ou tarde você afundará. Como um líder da próxima geração, esteja disposto a encarar a verdade, independentemente da dor que isso possa causar. E, se você não gostar do que vir, mude a situação.

3. CORAGEM PARA SONHAR

Toda realização grandiosa começou com um sonho. É assim que um autor descreve: "Todas as coisas são criadas duas vezes. Para todas as coisas existe a primeira criação, ou criação mental, e uma segunda criação, a criação física".[8] Como líder da próxima

[8] COVEY, *The 7 Habits of Highly Effective People*, p. 99 [***Os 7 hábitos das pessoas muito eficientes***, **Best Seller, 1999**].

geração, sua terceira expressão de coragem é sonhar com o que pode e deve existir. Você precisa permitir que sua mente vagueie fora das fronteiras do que *existe* e comece a criar a imagem mental do que *poderia existir*.

O líder que realiza coisas grandiosas nem sempre é o mais talentoso ou com melhor formação, mas o que se recusa a colocar seu pensamento dentro de colchetes. É o líder que se recusa a ser limitado por aquilo que outros fizeram ou que não conseguiram fazer.

Mas sonhar requer coragem. Pois o demônio da dúvida está no calcanhar de todos os sonhos. Tão logo nos apeguemos a um futuro escolhido, nossa mente é repentinamente preenchida por todos os motivos para que esse futuro não se realize. Nós nos vemos fazendo a pergunta: "Estamos mesmo à altura da tarefa?". E se formos suficientemente corajosos (ou insensatos) para dividir o sonho com as pessoas, geralmente elas são rápidas em confirmar nossa suspeita.

A despeito de tudo isso, precisamos apertar o passo e sonhar. Caso contrário, simplesmente passaremos a vida facilitando a realização dos sonhos de outras pessoas. Se você permitir que o medo ofusque seus sonhos, nunca tentará fazer nada novo, nem criará algo novo. E o pior de tudo: se o medo fizer seus sonhos bater em retirada, você nunca dará ao mundo nada novo.

Mantenho na minha mesa um pequeno cartão onde está escrito: *Nada de sonhar pequeno, pois isso não comove o coração das pessoas*. Essa simples frase já impediu que meus sonhos batessem em retirada, e mais de uma vez. Sei, por experiência própria, que é impossível liderar sem um sonho. Quando os líderes não mais se dispõem a sonhar, falta pouco para que seus seguidores não se disponham a segui-los.

Então sonhe! Sonhe sonhos grandes. Sonhe com freqüência. Alguma idéia, dentre todas as idéias aleatórias que inundam sua mente, vai capturar seu coração e imaginação. E essa idéia aparentemente aleatória bem pode crescer e virar a visão para sua vida e liderança.

Resumo da seção

Para ser um líder eficiente...

- A liderança não se define pelo talento. Procure uma oportunidade para romper com as estruturas rígidas e aproveite-a. São esses os momentos que definem a liderança, os momentos em que ela é descoberta.
- Você está com medo. E daí? Todo mundo sente medo. O medo nivela toda a humanidade. A pergunta com a qual você precisa lutar até responder é: **Vou permitir que o medo me prenda à minha mediocridade?** Se sua resposta for positiva, não há motivos para você continuar lendo este livro.
- Não permita que o *como* se intrometa no caminho do *quê*. Os líderes buscam avidamente as oportunidades, bem antes de obterem os meios e os mapas. Os problemas ainda não resolvidos de sua área de atuação são o portal para o futuro.
- Os líderes não se escondem da verdade. A dor da descoberta é o primeiro passo da trajetória de mudança. Se você tiver de sentir medo de alguma coisa, escolha o medo de não saber a verdade sobre o que acontece ao seu redor. No mundo da liderança, negar a existência de problemas equivale a receber a extrema-unção.
- O que **pode** existir? O que **deve** existir? Escreva. Pendure na parede. Ponha no rádio, na televisão e na internet.

O DESAFIO DA PRÓXIMA GERAÇÃO

1. Sendo líder, qual é o maior de seus medos?
2. Como esse medo se manifesta? Quando?

3. Para você o fracasso está mais relacionado a empreitadas malsucedidas ou a oportunidades perdidas?
4. O que o prende ao meio-fio, à margem das oportunidades?
5. Você tem algum sonho que está em banho-maria por medo de fracassar?

Parte 3

CLAREZA

A incerteza exige clareza

7 Liderando à sombra da incerteza

Cada sucesso normalmente é um bilhete de entrada para outro conjunto de decisões.
HENRY KISSINGER

A incerteza é parte integrante do cenário da liderança. Ela nunca desaparece. A incerteza não é indicativo de liderança deficiente. Antes, ela ressalta a necessidade de liderança. É o ambiente no qual a liderança positiva é identificada com mais facilidade. A natureza da liderança exige que sempre haja uma medida de incerteza. Onde não há incertezas, não há necessidade de liderança. Quanto maior for a incerteza, maior será a necessidade de liderança. É assim que Jim Kouzes se expressa: "A incerteza cria a condição necessária para a liderança".[1]

Levei muitos anos para me aperceber disso. Ficava atormentado quando era um líder jovem, pois achava que sempre deveria saber o que fazer, não importando a situação. Meu raciocínio era: *Se eu fosse um bom líder, saberia exatamente o que fazer. Afinal, sou um líder! Os líderes deveriam saber essas coisas. Espera-se que os*

[1] KOUZES & POSNER, *The Leadership Challenge* [***O desafio da liderança*, Campus**, **2001**].

líderes sejam capazes de levantar-se a qualquer momento e dar orientações com certeza absoluta. Ou, pelo menos, era o que eu pensava.

O tempo e a experiência me mostraram que não é assim. Então, permita-me dizer novamente: a incerteza é parte integrante do cenário da liderança. Haverá umas poucas ocasiões em que você estará absolutamente certo a respeito de alguma coisa. Você será consistentemente convocado a tomar decisões com base em informações limitadas. Se for esse o caso, eliminar a incerteza não deve ser seu objetivo. Em vez disso, você deve desenvolver a arte de ser claro diante da incerteza.

A arte da clareza envolve dar orientações explícitas e precisas, a despeito das informações limitadas e dos resultados imprevisíveis. Imagine que você é o capitão de um time de futebol e que sua função é armar as jogadas. Seu time precisa vencer por dois gols de diferença para se classificar. O jogo está empatado aos 40 minutos do segundo tempo. O que você faz? Parte para o ataque ou joga no contra-ataque?

Sem todas as informações necessárias, e diante de um resultado imprevisível, você faz o que qualquer capitão nessa situação faria: usa toda sua experiência e intuição para analisar a situação, conversa com o técnico e opta por um tipo de jogada. Você não dá de ombros e manda todo mundo para a pequena área. Mas toma uma decisão e diz com precisão qual será o posicionamento. Quando o jogo terminar, você saberá se tomou, ou não, a decisão correta.

Qualquer capitão de time de futebol lhe dirá que esse tipo de clareza requer confiança e humildade. Confiança para mover-se com ousadia na direção que você determinou. Humildade para reconhecer que, na melhor das hipóteses, você está fazendo uma "adivinhação calibrada".

Não vemos nenhum conflito entre certeza e clareza nos esportes. Estamos habituados a técnicos, capitães e assistentes emitindo sinais claros em meio à incerteza. Já vimos o caos gerado dentro de campo quando o sinal não é claro. Mas, no mundo dos negócios, na política e no ministério, a incerteza nos deixa inquietos. Hesitamos. Optamos por ser menos específicos e mais genéricos nas orientações. Nosso pessoal fica inseguro quanto às expectativas. Gritamos "agora!", e cada um corre na direção que lhe parece melhor.

Se você não for cuidadoso, a incerteza embotará sua clareza. O resultado será o caos.

Ao contrário do que se pode pensar, a incerteza de fato *aumenta* com o aumento da responsabilidade da liderança. Quanto mais responsabilidade você assume como líder, maior será a expectativa de que você conseguirá gerenciar a incerteza. O custo do sucesso como líder é mais incerteza, não menos.

Por isso é imperativo que você aprenda a prosperar em ambientes inconstantes. As incertezas não desaparecem. Sua capacidade de aprender a lidar com a incerteza determinará sua capacidade de liderança. Independentemente do tipo de organização em que você trabalha, suas futuras responsabilidades de liderança serão completadas por sua capacidade ou incapacidade de administrar a incerteza.

Como pastor titular, lido com mais incertezas do que qualquer outro de nossa organização. Digo para nossa equipe: "Sou responsável pela soma das incertezas de todos os departamentos de toda a organização". Sou responsável pelas incertezas geradas pela iniciativas ministeriais, que são cada vez maiores. Às vezes preciso lidar diretamente com elas. Também sou responsável pelo mar de incertezas que cerca a direção global de nossa igreja. Some a isso a incerteza que acompanha a preparação de sermões. É de se admirar que eu consiga pensar com precisão. Mas esse é o preço do aumento da responsabilidade de liderança. O sucesso traz mais incertezas.

Para piorar as coisas, aumento de responsabilidade significa lidar com mais coisas intangíveis. Portanto, significa lidar com incertezas mais complexas. É a diferença entre liderar uma equipe de paisagismo na execução de um serviço num jardim em uma tarde ensolarada e encontrar uma forma de fazer funcionar uma empresa de paisagismo que conta com 25 equipes de paisagistas e, ao mesmo tempo, tentar definir a melhor forma de comercializar seus serviços. Supervisionar a manutenção de um único jardim é algo inteiramente tangível: arbustos, árvores, fertilizante, cortadores de grama, chegada, saída. Definir a maneira de comercializar seus serviços é algo completamente intangível. Isso adiciona um grau de incerteza que exige outro tipo de liderança.

Quando começamos a North Point Community Church, nossa equipe de líderes estava convencida de que o programa de educação de adultos precisava ser montado em torno de uma rede de pequenos grupos que se reunissem nas casas. Isso chocava com o modelo de escola dominical no qual eu tinha crescido. Havia a expectativa de que o modelo seria rejeitado. A maior parte das pessoas comprometidas em construir a igreja nova crescera freqüentando a escola dominical. Era só isso o que eu sabia. Mas estávamos convencidos de que um programa de escola dominical preso a um local não era a melhor forma de cumprir nossa missão.

Todas as vezes que a liderança se reunia, a questão da estratégia de grupos pequenos surgia. Alguns dos líderes de maior destaque não estavam convencidos de que esse era o melhor caminho. Outros supunham que estávamos adotando essa estratégia somente enquanto não possuíamos instalações próprias. As pessoas estavam prontas a provar que outras igrejas não tinham obtido muito sucesso ao tentar essa abordagem.

Nós ouvimos todo o mundo durante um ano. Fizemos o máximo para responder às perguntas e criar um consenso entre os líderes. Examinamos o que outras igrejas estavam fazendo.

Conduzimos cerca de 12 grupos para melhorar o sistema e tirar as rebarbas. E então chegou a hora de encerrar a discussão.

O momento da verdade foi uma noite de quarta-feira, em um espaço alugado que ficava ao lado de nossa propriedade. Toda liderança qualificada estava presente para discutir o plano de mudar para nossas instalações, que estavam quase terminadas. Perto do final da reunião uma mulher levantou a mão e expressou sua preocupação com a estratégia de pequenos grupos. Ela era sincera, mas eu já tinha respondido a essa pergunta dezenas de vezes.

No passado fui diplomático quando o assunto surgia. Dessa vez deixei de lado a diplomacia e fui muito direto. Entenda: essas pessoas são minhas amigas. Essa gente me deu apoio na transição mais difícil da minha vida. Eram voluntários. Esses homens e mulheres tinham sacrificado tempo e dinheiro para assegurar que teríamos um bom começo. Mas era hora de bancar a pergunta. Apesar da incerteza sobre que direção tomar, era hora de ser claro.

Quando a mulher terminou, dei um sorriso e fiz uma revisão rápida das discussões que tivemos no ano anterior. Então eu disse: "Depois de hoje, não discutiremos mais o 'se'. Vamos em frente. De agora em diante, preciso que vocês concentrem as energias no 'como'. Há diversas perguntas que ainda não foram respondidas. Nenhum de nós fez parte de uma igreja organizada em torno de pequenos grupos. Temos muito que aprender. Fique à vontade para questionar a implementação, mas não o direcionamento. E quanto a essa reunião, seguiremos em frente".

Faz sete anos que isso aconteceu. Hoje há mais de 5 mil adultos envolvidos em grupos pequenos. Os homens e mulheres que foram àquela reunião tornaram-se os defensores do ministério de pequenos grupos. Tão logo ficou claro que estávamos seguindo em frente, todos embarcaram.

Estávamos seguros quanto ao resultado? Não.

Tínhamos clareza quanto ao direcionamento? Totalmente.

O alvo da liderança não é erradicar a insegurança. Antes, seu alvo é saber navegá-la. A incerteza é um componente de qualquer ambiente que requeira liderança. Onde você encontrar um, sempre encontrará o outro.

À medida que subir na hierarquia da liderança, você será convocado a tomar decisões sobre idéias, valores, propósito, posicionamento, estabelecimento de marca, estratégia e missão. É tudo intangível. Mas, em algum momento, essas discussões sublimes causam impacto na realidade. Com o tempo, o direcionamento que você escolher para sua organização se manifestará no chão de fábrica. Sua liderança será julgada ali, no espaço das vendas, produção, reconhecimento, comparecimento ou qualquer outro objetivo que sua organização esteja tentando alcançar.

Outra advertência para ter em mente: na região do intangível, leva mais tempo para seu brilhantismo ou inépcia serem reconhecidos. Quando suas decisões se encaixam no espaço da filosofia de negócios, valores, missão e marketing, você é obrigado a liderar durante um longo tempo sem o benefício de saber se, de fato, está indo na direção certa. Quando chega a hora das primeiras colheitas, já é tarde demais para mudar os procedimentos agrícolas. Você terá de esperar até ó próximo plantio.

No inverno de 1998, nós nos mudamos para a área da igreja onde estamos hoje. Uma incerteza naquela época era em relação ao fluxo do trânsito. Não tínhamos histórico nem registro de padrões em nossa propriedade. Ainda assim, tínhamos de bolar um plano para a entrada e saída de carros da propriedade. Pode parecer bem simples, mas nossa equipe levou alguns dias para chegar a um plano satisfatório. Havia incerteza. Mas a boa notícia era que tudo se resumia a coisas tangíveis: carros, cones e policiais.

No dia da inauguração houve alguns problemas. Mas no domingo seguinte, meros sete dias depois, os problemas haviam sido identificados e sanados. Por quê? Bem, em parte devido à boa liderança. Mas, em larga medida, os problemas de estacionamento foram fáceis de resolver por causa do tipo de incerteza. Sabíamos exatamente quais eram os problemas e como tratar deles.

Enfrentamos outro tipo de incerteza quando chegou a hora de definir como aumentar o número de lugares para o culto de domingo pela manhã. Como já dissemos, no fim decidimos construir santuários siameses, mas isso depois de *dois anos* de discussão e estudo.

Nós nos vimos obrigados a entrar no mundo das coisas intangíveis: idéias, objetivos, missão, valores e estratégias. Discutimos nossa filosofia de ministério e como causar impacto na expectativa das pessoas quando elas comparecessem aos cultos. Estudamos a regularidade do comparecimento e das contribuições financeiras.

No entanto, no fim do processo precisávamos dar as orientações para um arquiteto. Depois de algum tempo haveria um edifício que satisfaria nossas necessidades e facilitaria nossa missão. Pelo menos, era o que esperávamos. Mas, diferentemente das decisões a respeito do fluxo de carros, a decisão sobre as instalações é bem mais permanente (e cara). A boa notícia é que parece ter funcionado.

Tínhamos certeza de que as decisões seriam acertadas? Não. Se tivéssemos esperado até ter certeza absoluta, ainda estaríamos conversando. Mas a decisão precisava ser tomada. Uma decisão clara. E essa decisão, tomada no espaço intangível das idéias e projeções, em algum momento foi julgada no mundo real, o mundo do comparecimento aos cultos.

Liderança tem tudo que ver com conduzir as pessoas em uma jornada. O desafio é que, na maior parte do tempo, estamos pedindo que as pessoas nos sigam até lugares aos quais nós mesmos nunca fomos. Não há nenhuma foto, descrição verbal vívida, metáfora ou ilustração. Não há mapas para nos guiar — só nos resta abrir caminho na mata fechada. No entanto, à medida que avançamos na direção da incerteza que está diante de nós, percebemos que há a necessidade de dar segurança para aqueles que nos seguem.

É com essa tensão que todo bom líder convive: transpor terrenos irregulares, ao mesmo tempo que projeta uma visão clara e atraente. Sempre há incertezas. Mas a incerteza ressalta a necessidade de clareza.

Pense por um momento em seu ambiente de liderança. Como você administra a incerteza? Enquanto escrevo estas palavras, eu me dou conta de estar dirigindo a maior igreja que já freqüentei e a única igreja que já pastoreei. Nenhum membro da minha equipe jamais ministrou em uma igreja tão grande assim, De fato, a maior parte da minha equipe jamais trabalhou em uma igreja antes.

A verdade é que não sabemos exatamente o que estamos fazendo. Isso é algo novo para todos nós. Temos uma boa idéia sobre onde queremos que a organização chegue em cinco anos, mas a incerteza quanto à maneira de chegar lá é absoluta. Assim como você, nós pedimos que as pessoas nos sigam até um lugar que nós mesmos não conhecemos. Chegaremos lá pela primeira vez juntos.

Mas nada disso me incomoda. Aprendi que meu inimigo não é a incerteza. Nem mesmo tenho a responsabilidade de eliminar a incerteza. Minha responsabilidade é trazer clareza para dentro da incerteza. Na qualidade de líder da próxima geração, essa responsabilidade também é sua.

8
Eu aviso quando chegarmos lá

Você não pode responsabilizar as pessoas se as coisas não estiverem claras para elas. Se você não estiver disposto a tomar decisões com base em informações limitadas, você não conseguirá atingir a clareza.
PATRICK LENCIONE, *The Five Temptations of a CEO*[1]

Ulysses S. Grant é conhecido por duas coisas: ele venceu a Guerra da Secessão para Abraham Lincoln e se tornou o oitavo presidente dos Estados Unidos. Mas ele não realizou nada disso por ter um intelecto poderoso ou habilidades superiores para a liderança. Ulysses S. Grant é um nome conhecido de todos porque foi o primeiro general norte-americano que se dispôs a tomar decisões difíceis e as articulou com clareza em um ambiente de enorme incerteza.

Durante os dois primeiros anos da guerra, Lincoln foi obrigado a depender de um grande número de generais oportunistas, que estavam mais ávidos por um posto de liderança que pela tarefa de liderar. Nos primeiros dias da guerra, os generais norte-americanos estavam tão concentrados em evitar baixas e perdas constrangedoras, que perdiam oportunidades estratégicas. Eles passavam mais tempo exercitando as tropas do que enfrentando o inimigo.

[1] Publicado em português com o título *As cinco tentações de um executivo*, Record, 2000.

O exército federativo tinha um contingente maior e equipamentos melhores. No entanto, estava levando uma surra por causa da genialidade de Robert E. Lee, um homem que não permitiu que a incerteza da guerra afetasse a clareza de seu comando.

Ulysses S. Grant não foi o oficial mais talentoso nem o de melhor formação. Antes da guerra, ele tinha sido expulso do exército por beber e por ser brigão. Esse histórico de temerária conduta pessoal dificultou seu realistamento. Mas, quando ficou evidente que o conflito duraria mais que uns poucos meses, o nível de exigência diminuiu nos dois lados.

Grant foi comissionado como coronel da 21ª divisão dos Illinois Volunteers. Depois das vitórias em Vicksburg e Chattanooga, ficou evidente para Lincoln que Grant era o general que ele estava procurando. A incerteza não o paralisou. Ele foi capaz de comandar com clareza diante de incertezas inimagináveis. Dentro do contexto desse tipo de incerteza, sua clareza de comando mais que compensou seus defeitos pessoais. Em 1864, Lincoln o nomeou comandante supremo. No final, provou-se que ele era indispensável para Lincoln.

Aonde quero chegar? Ulysses S. Grant tinha clareza mesmo quando estava incerto. Ele era claro mesmo quando estava errado. A incerteza de suas circunstâncias não anuviaram a clareza de seu comando. Assim deve ser no seu caso, se você realmente quer transformar-se em um líder digno de ser seguido. A possibilidade de ser esse líder está em suas mãos.

Como líderes, podemos dar-nos ao luxo de ficar inseguros, mas não de ser obscuros. As pessoas o seguirão, a despeito de algumas decisões equivocadas, porém elas deixarão de seguir você se suas instruções não estiverem claras, e você não pode pedir que elas reajam positivamente a direcionamentos confusos. Elas também não o seguirão se você exibir falta de confiança. Como veremos adiante, não estou encorajando você a fingir ser alguém que não é ou saber algo que não sabe. Mas, na qualidade de líder, você precisa desenvolver a indefinida habilidade de liderar com confiança e propósito em terreno incerto.

Nenhum de nós quer errar, especialmente na posição de líder. Mas os líderes da próxima geração precisam ter mais medo da falta de clareza do que da falta de precisão. É possível você estar errado e as pessoas continuarem a segui-lo. Entretanto, se você não for claro, elas por fim tomarão outra direção. É possível sobreviver mesmo estando errado. Não é possível sobreviver sem ter clareza.

> *Uma decisão equivocada, tomada ocasionalmente, não desqualifica você como líder. As pessoas o seguirão se você estiver errado. Elas não o seguirão se você não for claro.*

Todo grande líder militar, empresarial ou esportivo já fez uma escolha ruim e sobreviveu. Mas até mesmo suas escolhas ruins estavam inconfundivelmente claras. Não havia dúvidas na mente dos soldados, da equipe de vendas ou do time a respeito do que o general, chefe ou técnico queriam que eles fizessem. A jogada pode ter sido um engano, mas foi executada com perfeição porque as instruções estavam claras.

Meu exemplo favorito desse princípio encontra-se no livro de Josué. Israel era uma nação jovem. Moisés era o único líder que eles tinham conhecido. Josué era o aprendiz de Moisés. O problema era o seguinte: quando chegou a hora de Moisés passar as rédeas da liderança para Josué, o ambiente tinha mudado dramaticamente. Moisés havia treinado Josué na delicada arte de caminhar a esmo. Durante quarenta anos, a nação tinha vagueado pelo deserto. Todas as lições que Moisés havia ensinado a Josué tinham que ver com a vagueação bem-sucedida:

- Desvio de rota 101 – como lidar com murmuradores

- Desvio de rota 102 – etiqueta para consumir o maná
- Desvio de rota 103 – medicamento para picada de cobra

Mas os dias de perambulação haviam ficado para trás. Tinha chegado a hora de entrar na terra prometida, e conquistar os povos que habitavam a terra. À medida que Josué observava Moisés afastando-se para morrer, deve ter ocorrido a ele: *Sei um monte de coisas a respeito de andar a esmo, mas não sei muita coisa a respeito de guerrear.* Isso que é incerteza. Não admira que o Senhor tenha dito as seguintes palavras para Josué: "Não fui eu que lhe ordenei? Seja forte e corajoso! Não se apavore, nem desanime, pois o SENHOR, o seu Deus, estará com você por onde você andar" (Josué 1.9).

Só há uma explicação para Deus ter ordenado que Josué não se apavorasse: ele deve ter ficado apavorado! Ele estava em território novo, tanto em termos literais quanto figurados. Josué nunca tinha feito coisa semelhante. Tudo na situação estava recoberto dessa camada de incerteza. A única coisa da qual Josué tinha certeza eram as palavras de Deus: "Vá".

Adoro os versículos seguintes:

> Assim Josué ordenou aos oficiais do povo: "Percorram o acampamento e ordenem ao povo que prepare as provisões. Daqui a três dias vocês atravessarão o Jordão neste ponto, para entrar e tomar posse da terra que o Senhor, o seu Deus, lhes dá" (Josué 1.10,11).

Não dá para ser mais claro do que isso. "Daqui a três dias vocês atravessarão o Jordão neste ponto, para entrar e tomar posse da terra". Você consegue imaginar o que o povo deve ter pensado?

"Mas Josué, como vamos atravessar o rio?"

"Não sei bem, mas estejam preparados para partir em três dias".

"Mas Josué, o que vamos fazer quando chegarmos ao outro lado?"

"Eu aviso quando chegarmos lá. Mas daqui a três dias nós vamos sair daqui".

Direcionamento claro diante da incerteza. Se você não tiver capacidade nem disposição para ser claro quando as coisas não estão claras, não está pronto para assumir maiores responsabilidades de liderança.

Antes de examinar algumas maneiras práticas de aumentar seu quociente de clareza, preciso avisá-lo do seguinte: a relação entre incerteza e clareza normalmente cria uma dinâmica potencialmente perigosa no ambiente de trabalho. O indivíduo que faz parte da sua organização e que se comunica com mais clareza a visão normalmente será identificado como líder. A clareza é percebida como liderança.

Se você está na direção de sua organização, a aplicação está clara. Você precisa ser claro se quiser manter sua influência. Não basta ser chefe. Você precisa ser claro. A clareza tem como conseqüência a influência.

Há outra aplicação mais complexa desse axioma se você não for *o* líder de sua organização: à medida que ganha clareza, você ganha influência. Em algum momento sua influência pode ameaçar aqueles que estão acima de você, aqueles que detêm o poder, mas não têm clareza. Sua clareza pode ser interpretada como deslealdade, ou como uma tentativa de impor seu próprio cronograma e objetivos. Se essa for a dinâmica, a melhor coisa a fazer é tomar a iniciativa de assegurar aos detentores de autoridade que sua intenção é promover a visão que eles têm para a organização, não de competir com ela.

9 Administrando sua incerteza

O caos e a incerteza são oportunidades de mercado para o sensato.
TOM PETERS

A incerteza não é sua inimiga. Ela possibilita a você garantia de emprego hoje e oportunidades inimagináveis no futuro. Mas tudo isso gira em torno de sua capacidade e disposição para dar passos firmes, a despeito do que o cerca. Nesse capítulo dou quatro sugestões práticas para aumentar sua clareza em meio à incerteza.

DETERMINE SEU QUOCIENTE DE CERTEZA

Para começar, faça um retrospecto das decisões que você já tomou e determine o grau de certeza que você obteve no passado.

Relembre sua última grande decisão, de preferência uma decisão que se mostrou acertada. Em que grau você estava certo? Em que momento você deu o "pulo do gato"? Você estava 100% seguro? Você estava 50% seguro? Em que momento você ficou à vontade para puxar o gatilho? Agora, faça um retrospecto examinando uma situação em que sua decisão foi equivocada. Qual era seu grau de certeza? Menor do que na ocasião anterior? Maior?

É importante saber. Por exemplo: se, ao olhar em retrospecto, você determinar que suas melhores decisões foram tomadas em 75%, então esse é seu quociente de certeza. Em termos gerais, provavelmente você nunca estará mais do que 80% seguro. Ficar esperando um grau maior de certeza pode fazê-lo perder oportunidades. Dependendo de sua personalidade, nenhuma quantidade de informação pode fazê-lo ultrapassar determinado grau de certeza.

Dificilmente eu ultrapasso os 80%.

Admito que estamos falando de porcentagens muito imprecisas. Não há nenhum padrão com o qual comparar seu quociente de certeza, exceto talvez a certeza dos líderes que o cercam. Mas, à medida que faz o retrospecto de suas decisões, você terá uma percepção geral das situações em que opera mais eficientemente.

EXPRESSE SUA INCERTEZA COM CONFIANÇA

Na liderança, sempre enfrentamos a tentação de fingir saber mais do que realmente sabemos. Temos medo de que as pessoas não nos seguirão, a menos que nossa imagem seja a do sabe-tudo.

Um dos motivos de ficarmos presos a tal maneira de pensar é que, mentalmente, nós lançamos essa capa sobre os líderes bem-sucedidos que estão à nossa volta. Olhamos para eles e supomos que sozinhos, usando uma só mão, sem hesitação, eles navegam com segurança nas correntes da incerteza. Quando nos encontramos na posição de liderança, sentimo-nos pressionados a vestir a mesma capa. "Os bons líderes sempre sabem": é o que dizemos a nós mesmos. Assim, quando não sabemos — o que acontece na maior parte do tempo — sucumbimos à pressão de fingir.

Duas coisas sempre acontecem quando fingimos. Em primeiro lugar, nós nos fechamos para as informações que outras pessoas nos fornecem. Em segundo lugar, exibimos nossa insegurança para as pessoas a quem pedimos que nos seguissem. As pessoas perspicazes saberão quando você está blefando. O fingimento corrói o respeito muito mais rapidamente do que a admissão da incerteza. A incerteza expõe a falta de conhecimento. O fingimento expõe a falta de caráter.

Dizer "eu não sei" quando você não sabe é sinal de boa liderança. Fingir que sabe quando você não sabe é sinal de insegurança. A única pessoa que o fingido engana é a si mesmo.

Quando você expressa falta de certeza, concede aos líderes que o cercam a permissão de fazer o mesmo. Você envia uma mensagem importante: nesta organização, não há problemas em não saber. Há problema em fingir que se sabe quando não se sabe. Na qualidade de líder, é imperativo você saber o que as pessoas à sua volta sabem ou não sabem.

A cultura corporativa que encoraja esse tipo de honestidade e transparência é aquela que promove o livre intercâmbio de idéias. É a cultura de uma organização que aprende. Por outro lado, em uma organização na qual se espera que todos saibam, ninguém fará perguntas. Quando paramos de perguntar, paramos de aprender.

Então, como um líder expressa confiantemente sua incerteza? Meu cunhado é um bem-sucedido corretor de imóveis na região de Atlanta. Seus pais abriram a empresa faz trinta e cinco anos. Quando Rob começou a trabalhar lá, sua mãe lhe disse uma preciosa frase, que desde então ele tem usado. É um exemplo perfeito de confiança diante da incerteza: "Eu não sei, mas certamente vou descobrir".

Eu seguiria um líder que não sabe, mas que está comprometido a descobrir. Você também. Mas você não seguiria um líder que finge saber e não faz nada para diminuir sua ignorância.

Eis algumas frases para você anotar cuidadosamente e usar no futuro:

- "Não sei nesse exato momento, mas estou seguro de que posso encontrar um jeito".
- "Não sei nesse exato momento, mas, quando chegar a hora de agir, estou seguro de que terei uma resposta".

- "Não sei, mas, tendo gente como você por perto, estou seguro de que vou encontrar uma solução".
- "Não sei. Nunca fiz isso. Mas acho que estamos à altura do desafio".

Não finja. Você não é líder porque sabe tudo. A onisciência não é um pré-requisito. Mas a confiança é. Expresse sua incerteza com confiança. E quando o fizer, você injetará confiança naqueles que optaram por segui-lo.

BUSQUE CONSELHO

Buscar o conselho de gente sensata é a terceira coisa que você pode fazer para assegurar que está sendo claro em meio à incerteza. A liderança não está vinculada a decisões solitárias. Está vinculada a assumir a paternidade das decisões logo que você as tomar. Caso não saiba, pergunte. Caso não esteja seguro, descubra o que as pessoas estão pensando. O consenso solidifica a confiança diante da incerteza. Quando as pessoas em quem confiamos dão o sinal de aprovação, a confiança aumenta imediatamente.

Em 1995, depois de concluir que eu deveria começar uma igreja nova, fiz uma visita a Ron Blue. Ron sempre sabe quais são as perguntas certas — e muitas vezes incômodas — a fazer. Depois que acabei meu discurso sobre o porquê, onde e como, ele me olhou, riu e disse três palavras que me encheram de confiança: "Você raciocina bem".

Não consigo dizer o que essas três palavras fizeram por mim. Elas não eliminaram a incerteza, mas fortaleceram minha determinação de prosseguir.

Não é coincidência que Salomão, o homem mais sábio que já viveu, tenha escrito mais sobre buscar conselhos do que qualquer outro autor bíblico. O homem que menos parecia precisar de conselhos era o que mais estava convencido de sua necessidade. Salomão era um rei. Essa é outra coisa interessante a respeito de sua insistência em buscar aconselhamento. Os reis não precisam de conselhos, certo? Eles são os governantes supremos. Ao longo da história de Israel, Deus estabeleceu reis que precisavam de conselho. Alguns o buscaram. Outros não. Em geral, os que não o fizeram pagaram um preço alto na liderança que exerciam.

Lição? Nem mesmo líderes divinamente escolhidos sabiam tudo o que precisavam saber. Mais uma vez, onisciência não é um requisito para a liderança. Disposição para ouvir é. Retomaremos o assunto na seção quatro, a seguir.

MEÇA SEU SUCESSO PELO PLACAR, NÃO PELAS JOGADAS EXECUTADAS

Todo bom técnico entra em um jogo para ganhar. Isso está perfeitamente claro para ele. Todo bom técnico entra no jogo com uma estratégia, um plano. Mas todo bom técnico está disposto a descartar seu plano para vencer. O objetivo é vencer, não realizar determinadas jogadas. Os técnicos medem o sucesso pelo número de pontos anotados no placar, não pelo número de jogadas bem executadas.

Os líderes, à semelhança dos técnicos, são obrigados a abandonar os planos a fim de transmitir a visão. A incerteza do cenário exige reavaliações constantes dos planos. O líder que se recusa a descartar ou a revisar seu plano raramente chega onde quer.

A clareza da visão compensará a incerteza do planejamento. Se você estiver seguro e confiante quanto ao seu destino, conseguirá administrar alguns desvios de rota ao longo do caminho. Se você estiver incerto quanto ao destino da jornada, até mesmo a estratégia mais sofisticada e detalhada será inútil.

É provável que você tenha mais segurança sobre a visão do que sobre seus planos. É no domínio dos planos e decisões que os líderes enfrentam a mais intensa incerteza. No tocante aos planos, sempre haverá um elemento de incerteza. É de se esperar. Os planos mudam; as visões permanecem.

A clareza da visão (vencer o jogo) traduz-se em mais disposição para liderar intencionalmente dentro de situações indefinidas. Uma visão clara, a que de fato conquistou o coração, tem a capacidade de nos impulsionar em meio à incerteza. Quando estou convencido de que algo deve acontecer, fico disposto a assumir riscos. No domínio da visão, sempre é melhor tentar e fracassar do que nem tentar. Quando um líder é conquistado por uma visão clara do que pode e deve existir, ele se sentirá impelido a dar direcionamentos claros e seguros.

Como um líder da próxima geração, de tempos em tempos você será obrigado a abandonar seus planos. Torne sua visão cristalina e abrace a incerteza de seus planos. Use lápis na hora de delinear os planos. Use caneta para escrever sua visão.

Em *U-571*, um filme de ação ambientado na 2ª Guerra Mundial, Matthew McConaughey faz o papel do tenente de submarino que viu negada a oportunidade de comandar o próprio submarino. Como ficou claro depois, foi seu oficial em comando, o capitão Dahlgren, quem desencorajou a Marinha a promover Tyler.

Em uma conturbada discussão, Tyler contesta a decisão do oficial superior. Ele garante ao capitão que possui as qualificações necessárias. Não se contenta em afirmar sua capacidade de realizar qualquer tarefa no submarino: ele prossegue e afirma que está disposto a dar sua vida por qualquer dos homens da tripulação.

A essa altura o capitão Dahlgren, vivido por Bill Paxton, mede o jovem tenente e diz: "Não estou questionando sua bravura. Você está disposto a colocar a vida *deles* em risco?".

Tyler fica atordoado com a pergunta. Antes de conseguir reagir, o capitão Dahlgren continua:

> Veja, você hesitou. Como capitão, você não pode hesitar. Precisa agir. Caso contrário, coloca toda a tripulação em risco. Bem, é essa a tarefa. Não é ciência. Você precisa ser capaz de tomar decisões difíceis com base em informações imprecisas,

pedir que homens cumpram ordens que podem resultar na morte deles. E, se você errar, sofrerá as conseqüências. Se não está preparado para tomar tais decisões, sem pestanejar, sem refletir, então você não tem nada que fazer como capitão de submarino.

Quando Tyler sai do quartel do capitão Dahlgren, seu olhar diz tudo. Enxergar a liderança através dessa lente fez com que ele duvidasse de sua prontidão para liderar.

Não é a incerteza que anulará sua liderança. Entretanto, a incapacidade de dar um direcionamento claro em meio à incerteza bem pode destruir você, ou fazê-lo atingir seu ponto máximo logo no início da carreira.

Resumo da seção

Para ser um líder eficiente...

- Seja claro, mesmo quando as coisas não estão claras para você. O passado é a única coisa sobre a qual podemos ter certeza — desse momento em diante, tudo é palpite. Tão logo você reconhecer isso, estará livre para tomar decisões com base em informações limitadas.
- Reconheça que a clareza da visão é mais importante que a certeza do resultado. Toda realização grandiosa começou com uma idéia que se contrapôs à realidade corrente. No início, sempre existe incerteza o suficiente para suspender a visão, por isso a liderança se faz necessária.
- Lembre-se de que a clareza é identificada como liderança. A clareza cria a própria influência e o próprio ímpeto. Aquele que fizer a descrição mais cristalina será, em última análise, visto como líder.
- Não finja. Assim que você estiver confortável com o que não sabe, as pessoas que o cercam também ficarão confortáveis com isso. Uma das piores coisas que um líder pode fazer é fingir que tem resposta para tudo. Fazer isso é colocar desnecessariamente em risco sua missão.
- Seja flexível. A incerteza pode devastar seus planos, mas não permita que ela arruíne sua visão. Use papel para delinear seus planos. Escreva na pedra sua visão.

O DESAFIO DA PRÓXIMA GERAÇÃO

1. Os direcionamentos estão claros para você?

2. A incerteza da situação já comprometeu sua clareza?
3. O que causa mais dano à sua organização: direcionamentos claros que são mudados no meio do caminho, ou direcionamentos incertos que são difíceis de seguir?
4. Será que todas as pessoas de sua organização conseguem responder a essas perguntas?
   - O que estamos fazendo?
   - Como eu me encaixo nisso?
5. Quão difícil é para você assumir a autoria de suas decisões ruins?

Parte 4

COACHING

O *coaching* capacita o líder a ir mais longe e mais rápido

10
Ouvindo e aprendendo

Creio que dar feedback *é a estratégia de menor custo para aumentar o desempenho e evocar satisfação.*
KEN BLANCHARD

Em 1972 a diretora do ministério de jovens decidiu recompensar o time de basquete da igreja com uma viagem à Disneylândia. Não tenho muita certeza de por que um adulto racional teria vontade de levar oito adolescentes a uma viagem "bate e volta", seja para onde for. Bem, Mary Gellerstedt era conhecida por assumir riscos.

De qualquer maneira, guardei três memórias distintas daquela viagem: brincar de guerra no pomar de laranjas que ficava ao lado do hotel; ouvir pela primeira vez "Tiny Dancer", de Elton John, e decidir que aquela seria a minha música predileta pelo resto da vida; e ensinar Scott Ward a dar um mergulho de uma volta e meia com giro na piscina do hotel.

Scott Ward era, e ainda é, o indivíduo mais destemido que conheço. Depois de voltarmos de um dia hilariante no parque, todos fomos para a piscina. Embora o restante de nós se contentasse em simplesmente entrar na água, Scott decidiu que usaria seu tempo para dominar o mergulho de uma volta e meia com giro.

A primeira tentativa não foi nada animadora. Todos ficaram ansiosos quando Scott deu de cara na água. Enquanto ele tomava o rumo do trampolim, sugeri que se dobrasse com um pouco mais de força e endireitasse o corpo um pouco antes. Foi o que ele fez. E, como resultado, ele quase escapou da segunda tentativa sem dor.

Isso continuou durante uma hora: Scott sacrificava seu corpo e eu fazia sugestões. Em pouco tempo, Scott quase tinha dominado o mergulho de volta e meia com giro. Não era bonito de ver. Mas também não era doloroso.

Enquanto ele se aproximava do trampolim pela última vez, a diretora do ministério de jovens disse: "Andy, eu não sabia que você fazia saltos ornamentais". Garanti a ela que eu não fazia. Scott parou no meio da escada e lançou um olhar bastante perplexo para mim. "Quer dizer que você mesmo não sabe fazer isso?" Apenas meneei a cabeça e dei risada. "Você está brincando? Eu nem tentaria". Nesse momento, Scott decidiu abandonar sua última tentativa para me agarrar e jogar na piscina.

Essa foi minha primeira experiência como *coach*. E com ela eu aprendi uma lição valiosa: nunca sugira nada a Scott Ward se você mesmo não estiver disposto a tentar. Na realidade, extraí duas coisas dessa experiência:

1. Se comparado ao que consigo fazer sozinho, vou mais longe e mais rápido se eu tiver alguém como *coach*.
2. Um técnico eficiente não precisa possuir mais habilidade do que a pessoa que está treinando.

Você nunca maximizará seu potencial em nenhuma área sem *coaching*.[1] É impossível. Você pode ser bom. Você pode ser melhor do que todo mundo. Mas, sem informações vindas de fora,

[1] Assim como *marketing*, *coaching* é um termo do inglês que já está bem estabelecido no meio corporativo. Normalmente se refere a um executivo experimentado que ajuda um executivo com menos experiência. *Coaching*, ou *coach* (o que faz *coaching*), é usado quando o contexto é ser auxiliado por um líder mais experiente. Em outros contextos, especialmente o esportivo, o termo usado é "técnico" ou "treinador". [N. do T.]

você nunca será tão bom quanto pode ser. Todos nós fazemos mais quando alguém está observando e avaliando.

Recentemente li uma entrevista com Gil Reyes, o condicionador físico de Andre Agassi. A idéia de Agassi ter um técnico é um tanto esquisita. Por que ele *precisaria* de um técnico? O que mais ele poderia aprender a respeito do tênis? O que ele poderia aprender com um cara que não é tão bom quanto ele dentro da quadra? A resposta: um montão de coisas. Andre sabe o que todo grande atleta sabe. Para ser o melhor que pode ser, ele precisa obter informações de mais alguém.

Na entrevista, Agassi não se eximiu de fazer uma homenagem a Reyes:

> Creio ser imensurável o impacto de Gil na minha carreira, especialmente à medida que fico mais velho. Como em qualquer profissão [o tênis] requer alguns julgamentos sutis que são cruciais. Na minha opinião, Gil é o primeiro do mundo quando o assunto é tomar esse tipo de decisão.[2]

No fim do artigo, o autor faz essa observação: "À medida que meses e anos passarem, e a idade se tornar cada vez mais um obstáculo na vida de Agassi, a influência de Reyes será ainda mais valiosa".

Agassi é suficientemente sensato para reconhecer que a idade e a experiência não diminuem a necessidade de *coaching*. De fato, o contrário é verdadeiro. A idade e a experiência não nos fazem necessariamente melhores. A idade e a experiência tendem a nos deixar movendo dentro de um sulco, fazendo a mesma coisa, do mesmo jeito, sem ninguém nos estimulando a mudar.

Pense nisso: todo atleta, ou equipe atlética, de alto desempenho possui um técnico. No mundo do esporte, ninguém apre-

[2] "Reyes, the Real Force Behind Agassi" [*Reyes: a verdadeira força por trás de Agassi*], reportagem eletrônica do SportsLine.com (13 de fevereiro de 2001, Las Vegas).

senta um desempenho tal que dispense um técnico. Entretanto, no mundo da liderança operamos sob o pressuposto desnorteador de que, por sermos líderes, não precisamos ser liderados. Tão logo reconhecemos a capacidade de apresentar "desempenho", achamos que não precisamos de informações externas a fim de realçar nosso desempenho. Conseqüentemente, nossa medida de liderança é aquilo que outros estão fazendo, não o potencial que recebemos de Deus. E, no final, nunca nos tornamos tudo o que poderíamos ser.

> *Para ser o melhor líder da próxima geração que você pode ser, é preciso angariar a ajuda de outras pessoas. A auto-avaliação é útil, mas a avaliação feita por outra pessoa é essencial. Você precisa de* coaching *em liderança.*

Temos a tendência de nos comparar com as pessoas ao nosso redor. Elas se tornam um ponto de referência. Um bom técnico avalia seu desempenho de acordo com o potencial que você tem. Um técnico ajuda você a comparar seu desempenho com suas próprias forças, não com a força de outra pessoa. Um técnico sabe do que você é capaz, e o leva até os seus limites.

Durante o primeiro ano da faculdade, fiz um curso avançado de apresentação oral com o coordenador do departamento, o dr. Rifkin. Ele era um excelente professor, muito respeitado por docentes e estudantes. Embora não me lembre muito bem de suas palestras, nunca me esquecerei do que ele disse quando contestei a nota que ele deu para meu primeiro discurso.

Havia cerca de 15 alunos fazendo a matéria. Cada um deveria fazer um discurso persuasivo sobre o tema que escolhesse. Falar em público sempre foi natural para mim. Mas certamente esse não era o caso da maioria dos alunos do curso. Na verdade, algumas das apresentações eram, na melhor das hipóteses, medonhas. Não me lembro do tema sobre o qual falei, mas eu me lembro bem de ter pensado: "Meu discurso foi muito melhor do que os discursos do restante da turma".

Dois dias depois o dr. Rifkin devolveu os esboços com as notas. Aconteceu de eu perceber que o colega da minha direita tinha recebido um B+, e que a moça que se sentava atrás de mim tinha recebido um A-. Em comparação com a apresentação deles, eu merecia um A. Quando o dr. Rifkin me entregou o esboço, fiquei chocado por ter recebido um B. Um *B*? Isso era impossível. Não havia nenhum grau de comparação.

Depois da aula eu marchei até a frente da sala de conferências para defender minha causa. O dr. Rifkin escutou pacientemente, sorriu e disse: "Você é capaz de fazer bem mais do que nos mostrou hoje".

Ele estava certo. Eu estava fazendo improvisos. Por ser um bom técnico, ele não estava dando minha nota com base no desempenho dos outros alunos. Ele estava dando minha nota com base naquilo que percebia ser meu potencial.

Definir o papel de um treinador esportivo é fácil, pois a maioria de nós foi treinado em algum esporte, em algum momento da vida. Além disso, muitos de nós já colocamos um apito pendurado no pescoço. Alguns enxergam a chance de treinar o time de futebol do filho como uma grande oportunidade. No meu caso, foi conseqüência de uma suposição de Sandra. Para ela, dar a mim a vaga de técnico de futebol significava eu passar mais tempo interagindo com nossos meninos. O fato de eu nem saber o básico sobre futebol não era o ponto em questão. Ela viu nisso uma grande oportunidade. E, no final, eu aceitei.

Definir o papel do treinador na área da liderança é mais desafiador. Em primeiro lugar, o *coaching* em liderança não dá visibilidade. É diferente dos técnicos de basquete. Eles sempre são vistos andando de um lado para o outro na lateral da quadra, berrando instruções para seus jogadores. Mas o *coaching* de liderança é uma operação dos bastidores. O *coaching* em liderança é diferente do *coaching* no mundo dos esportes. Um acontece em tempo real, durante o jogo; o outro só acontece antes e depois das partidas.

Conseqüentemente, há homens e mulheres, no mercado de trabalho e no ministério, para quem sempre olhamos com a falsa suposição de que eles "subiram" por esforço próprio, que são o que são unicamente por causa de talento e disciplina. Entretanto, quando suas histórias são sondadas com mais profundidade, descobrimos que cada uma dessas pessoas teve um ou dois *coaches* que as treinaram até alcançarem sucesso.

Uma das melhores maneiras de entender o papel do *coaching* em liderança é comparar o *coaching* a três disciplinas familiares: aconselhamento, consultoria e mentoria.[3]

ACONSELHAMENTO

A tarefa do conselheiro é ajudar uma pessoa a tratar as questões do *passado*, para que possa funcionar mais eficientemente no *presente*. Por outro lado, o *coaching* nos ajuda a avaliar o *presente*, para que possamos funcionar mais eficientemente no *futuro*.

CONSULTORIA

O consultor típico envolve-se por um curto período de tempo para resolver um problema específico. A expectativa para o relacionamento de *coaching* é, tipicamente, de médio a longo prazos. O *coaching* não se concentra em resolver problemas, tal como ocorre na consultoria. Em vez disso, o foco é aumentar o desempenho.

MENTORIA

Normalmente um mentor é uma pessoa mais velha e mais experiente que provê conselhos e apoio a uma pessoa mais nova,

[3] Quero agradecer um bom amigo, Fran Lamatina, por esse *insight* valioso.

e com menos experiência, em uma área específica. O *coaching* engloba todos os componentes da mentoria, e ainda acrescenta alguns. A diferença principal é que, no *coaching*, é mais freqüente o responsável tomar iniciativas sobre quando e como a informação é transmitida.

Ao contrário de uma mentoria típica, o *coaching* em liderança não envolve apenas o conselho quando esse é solicitado. O responsável pelo *coaching* será mais proativo na hora de instruir e avaliar. É mais freqüente o *coach* observar a cena do que esperar por um relatório dentro de um escritório.

No mundo dos esportes, o técnico não retém sua opinião até que seja solicitada. Ele também não se retrai para observar seu *protegido* cometer o mesmo erro, vez após vez, sem dizer uma palavra. Da mesma maneira, o bom *coach* de liderança usará todo o poder que tiver em mãos para assegurar o sucesso. Assim como o técnico esportivo, o *coach* de liderança atua como se houvesse algo em jogo também para ele. Uma vitória para o homem ou a mulher sob seu *coaching* também é uma vitória para ele. Ganhos e perdas são coisas pessoais. O bom *coaching* em liderança age como se algo estivesse em jogo por causa do desempenho que você apresenta.

Embora pareça muito óbvia a necessidade de um *coach*, há algo dentro de nós que resiste ao *coaching* nos domínios da liderança. Estamos dispostos a gastar quantidades exorbitantes de tempo e dinheiro para aperfeiçoar passes, lançamentos e cobranças. Mas, quando chega a hora da liderança que exercemos, resistimos às informações vindas de fora. Talvez os líderes já venham com essa programação de fábrica. Talvez seja orgulho. Não sei. Só sei que, em mais de uma ocasião, interagi com líderes jovens que tinham muito potencial, mas não estavam dispostos a aprender.

No capítulo seguinte daremos uma olhada naquilo que pode acontecer quando um líder se recusa a submeter-se ao conselho de outras pessoas.

11
O rei que não quis ouvir

Se o sábio lhes der ouvidos, aumentará seu conhecimento,
e quem tem discernimento obterá orientação.
PROVÉRBIOS 1.5

Grandes líderes têm grande avidez por aprender. Mas aprender pressupõe uma atitude de submissão. Nem todos os líderes ficam à vontade com a submissão. Submissão é a atitude adotada por outras pessoas, aquelas que precisam ser lideradas. Facilmente nossos pontos fortes podem virar pontos fracos. O mesmo acontece com a atitude do líder em relação à submissão. Isso é especialmente verdadeiro nos primeiros anos da vida do líder da próxima geração — aqueles anos em que temos certeza de saber tudo: só precisamos de uma oportunidade para provar isso.

Conseguir um *coach* de liderança requer do líder disposição de submeter-se ao conselho e à instrução de outras pessoas. *Se não for possível ensinar-lhe algo, não é possível fazer* coaching *com você.* Infelizmente, quanto mais jovens somos, mais achamos que sabemos das coisas, e menos provável é que nos coloquemos sinceramente sob a influência de um *coach* de liderança. Isso é especialmente verdadeiro se nos consideramos mais capazes, apaixonados ou talentosos do que as pessoas ao nosso redor.

É por isso que sempre fico fascinado com o fato de Salomão, o homem mais sábio que o mundo já conheceu, ter escrito tanto a respeito do conselho sensato. Como foi observado na seção anterior, ele tinha mais a dizer sobre a importância do conselho sensato que todos os outros autores bíblicos juntos.

Pense nisso: por que o homem que menos precisava de conselhos era o que mais os recomendava?

Simples: ele era o homem mais sábio do mundo. *A sabedoria busca o conselho.* O homem sábio tem limitações. É o tolo que acredita não tê-las. Só o ingênuo acha que pode tomar todas as iniciativas sem ouvir o que as pessoas de fora têm a dizer.

Eis alguns pensamentos de Salomão sobre buscar o conselho:

- Se o sábio lhes der ouvidos, aumentará seu conhecimento, e quem tem discernimento obterá orientação (Provérbios 1.5).
- O caminho do insensato parece-lhe justo, mas o sábio ouve conselhos (Provérbios 12.15).
- Os planos fracassam por falta de conselho, mas são bem-sucedidos quando há muitos conselheiros (Provérbios 15.22).
- Ouça conselhos e aceite instruções, e acabará sendo sábio (Provérbios 19.20).

O valor de cercar-se com conselheiros sensatos foi algo que Salomão conseguiu transmitir para seu filho, Roboão. Entretanto, o mesmo não aconteceu com o valor de dar ouvidos ao conselho sensato. Roboão pagou um preço muito alto pela falta de disposição para atentar à opinião dos mais velhos e mais sábios.

Depois da morte do rei Salomão, o povo de Israel ajuntou-se na cidade de Siquém para coroar Roboão, filho de Salomão. Entretanto, antes da coroação, o povo incumbiu Jeroboão de fazer um pedido simples ao jovem herdeiro do trono: "Teu pai colocou sobre nós um jugo pesado, mas agora diminui o trabalho árduo e este jugo pesado, e nós te serviremos" (1Reis 12.4).

Nos últimos anos do reinado de Salomão, ele se desviara do caminho da sabedoria. Naquela época, Salomão tinha ficado obcecado em tornar Israel o epicentro da cultura. O principal meio para atingir esse objetivo foi com uma campanha agressiva de construção. Os cidadãos de Israel carregaram o peso gerado por esse impulso ambicioso. Os impostos eram elevados, e eles eram forçados a alocar uma quantidade desproporcional de tempo às construções. Até mesmo os súditos leais ao rei e os cidadãos de Israel tinham sido reduzidos à condição de escravos.

Depois que Salomão morreu, o povo queria ser aliviado dessa carga. Então eles se comprometeram a apoiar Roboão, na condição de ele liderar de um modo diferente de seu pai.

Roboão reagiu sensatamente:

> Roboão respondeu: "Voltem a mim daqui a três dias". Então o povo foi embora. O rei Roboão perguntou às autoridades que haviam servido ao seu pai Salomão durante a vida dele: "Como vocês me aconselham a responder a este povo?" (1Reis 12.5,6).

Até aí tudo bem. Roboão ganhou tempo e convidou outras pessoas a participar do processo decisório. Ele tinha aprendido bem com seu pai.

E observe quem estava fazendo *coaching*: "as autoridades que haviam servido ao seu pai". Novamente uma boa decisão. Os conselheiros de seu pai encontravam-se na posição perfeita para guiá-lo ao longo do processo decisório. Eles tinham a vantagem da idade. Também tiveram a chance de observar e de fornecer informações.

Eis o que disseram:

> Eles responderam: "Se hoje fores um servo deste povo e servi-lo, dando-lhe uma resposta favorável, eles sempre serão teus servos" (1Reis 12.7)

Os conselheiros de Roboão sabiam que grandes líderes são grandes servos. Isso era algo que Salomão perdera de vista no crepúsculo de seu reinado. Agora Roboão tinha a oportunidade de conquistar novamente o coração do povo. Em claro contraste com seu pai, ele de fato podia liderar o povo em vez de simplesmente governá-lo.

Mas, à semelhança de muito de nós quando somos jovem — e, puxa, tão inteligentes —, Roboão não se dispôs a dar-lhes ouvido. Ele não estava interessado em servir ninguém. Esse conselho deve ter soado como a tagarelice de velhos que tinham perdido o bonde da história. Além do mais, quem é que eles um dia tinham liderado? Sobre quem eles haviam governado?

Os líderes da próxima geração precisam perceber que não são as realizações do *coach* que o tornam um aliado valioso na empreitada da liderança. Na maior parte do tempo, nem é o que o *coach* sabe que o torna valioso. O que vale é aquilo que ele *enxerga.*

As autoridades conseguiram enxergar algo que Roboão não conseguiu. Eles enxergaram um grupo de homens mulheres ávidos por alguém para seguir. Eles enxergaram um rei jovem que não entendia a relação entre privilégio e responsabilidade.

> *O líder sensato dá ouvidos ao conselho sensato. Onde o líder da próxima geração encontra conselho sensato? Eles vêm daqueles que têm a vantagem da idade, daqueles que tiveram a chance de observar.*

É aqui que reside o poder do *coaching.* Caso Roboão desse ouvidos, ele teria ido mais longe como rei, e teria ido mais rápido. Seu reinado teria ido além de suas capacidades naturais e maturidade. Se desse ouvidos àqueles que tinham a vantagem da idade e da observação, ele se teria firmado na mente do povo como um líder sábio e digno de confiança.

Mas não foi isso o que aconteceu:

> Roboão, contudo, rejeitou o conselho que as autoridade de Israel lhe tinham dado e consultou os jovens que tinham crescido com ele e o estavam servindo. Perguntou-lhes: "Que conselho vocês me dão? Como devemos responder a este povo que me diz: 'Diminui o jugo que teu pai colocou sobre nós'?"
>
> Os jovens que haviam crescido com ele responderam: "A este povo que te disse: 'Teu pai colocou sobre nós um jugo pesado; torna-o mais leve', dize: Meu dedo mínimo é mais grosso do que a cintura do meu pai. Pois bem, meu pai lhes impôs um jugo pesado; eu o tornarei ainda mais pesado. Meu pai os castigou com simples chicotes; eu os castigarei com chicotes pontiagudos" (1Reis 12.8-11).

Os amigos de Roboão não tinham mais sabedoria ou perspectiva que ele. Roboão foi cegado pelo poder, e seus amigos foram igualmente cegados pela possibilidade de ficar próximos ao homem que estava no poder. Eles disseram o que Roboão queria ouvir, e ele comprou a idéia.

Três dias depois o povo ajuntou-se novamente. Roboão deu a resposta. Ele lhes disse que governaria de tal maneira que os faria ter saudades da época de seu pai. Ele não estava ali para servir: ele estava ali para governar!

Ao proferir uma afirmação tão ousada, Roboão fez algo que muitos líderes têm equivocadamente feito. Ele pressupôs que bastava estar na posição que ocupava para assegurar a lealdade do povo. Ele não tinha maturidade suficiente para compreender que cada seguidor é um voluntário. Abuse da posição de líder, e você perderá aqueles que lidera. Ninguém tem *obrigação* de ser liderado. Não é possível forçar as pessoas, nem mesmo os súditos, a ser lideradas. Talvez você consiga forçá-las a se submeter, mas não conseguirá forçá-las a ser seguidoras leais.

> Podemos pagar por hora as mãos, braços, pernas e costas deles, e o mercado vai nos ajudar a determinar o valor da

hora trabalhada. Mas, são eles seguidores, nem que seja no sentido mais rigoroso da palavra? Eles estão livres para partir? Eles podem atravessar a rua e arrumar outro patrão por um real a mais por hora? Ou até por menos de um real, caso eles não gostem de nós? É claro que podem. E quanto ao coração, mente, compromisso, criatividade e idéias que eles têm? Não são esses dádivas que precisam ser entregues voluntariamente? Você pode encomendar ou exigir compromisso? Excelência? Criatividade?[1]

Em termos gerais, as pessoas não seguem governantes. Elas seguem *líderes*. Roboão aprendeu isso da pior forma.

Quando todo o Israel viu que o rei se recusava a ouvi-los, respondeu ao rei:

"Que temos em comum com Davi?
Que temos em comum
com o filho de Jessé?
Para suas tendas, ó Israel!
Cuide da sua própria casa, ó Davi!"
E assim os israelitas foram para as suas casas. (1Reis 12.16)

Ao ouvirem a estratégia de liderança de Roboão, dez das doze tribos de Israel decidiram que não o seguiriam. Ele acatou o conselho daqueles que falaram o que ele queria ouvir. O resultado foi a revolta do povo. E não havia nada que Roboão pudesse fazer a esse respeito. Na pressa de governar, ele perdeu a chance de liderar. Ele perdeu exatamente aquilo que tentava preservar. Aquele que deveria ter sido seu momento de grandeza degenerou-se em seu momento mais constrangedor. Ao assumir a postura de um rei poderoso, ele perdeu o reino. Ele teve a chance de ser o próximo rei de Israel, e a deixou escorrer por entre os dedos.

[1] James C. Hunter, *The Servant*. Roseville, Calif.: Prima Publishing, 1998, p. 33 [***O monge e o executivo*, Sextante, 2004**].

Tudo porque não estava disposto a dar ouvidos ao conselho daqueles que lá estavam para ajudá-lo a ir mais longe, e mais rápido.

Quando estávamos desenvolvendo os planos para nosso primeiro local de cultos, disse ao arquiteto para não incluir um batistério. Na minha experiência, o batismo sempre esteve vinculado ao começo ou término de um culto. A pessoas que seriam batizadas nunca tinham a oportunidade de contar suas histórias. Sempre pareceu algo feito às pressas. Além dos familiares dos que seriam batizados, ninguém mais parecia ter interesse no que estava acontecendo.

Eu queria que os cultos de batismo fossem um tempo de celebração. Então pensei que a melhor coisa a fazer era construir uma piscina batismal ao ar livre. Nossa equipe executiva — todos eles com aproximadamente a minha idade — acharam que era uma idéia excelente. Nós seis estávamos convencidos de que colocar o batistério do lado de fora seria um sopro de vida naquela ordenança sagrada.

Quando apresentei os planos de construção aos presbíteros — todos eles mais velhos do que eu —, uma das primeiras perguntas que fizeram foi: "Onde está o batistério?". Sorri e me lancei em uma explicação bem ensaiada, dizendo por que seria um erro colocar a piscina batismal na área de cultos. Percebi que seria difícil vender a idéia. Então dei meu melhor para descrever um quadro do quão animador seria ajuntar as pessoas em torno de uma piscina ao ar livre, e celebrar enquanto as pessoas se levantavam das águas.

Os onze homens presentes naquela noite ouviram pacientemente minha fervorosa argumentação. Então, cada um deles, um por um, expressou sua oposição à minha "brilhante" idéia. Depois de diversos minutos de discussão nós votamos. O resultado foi onze a um a favor de incluir o batistério no local de cultos.

Saí da reunião convencido de que tínhamos acabado de votar por construir algo que nunca usaríamos. Estava seguro de que, tão logo tivéssemos o prédio, eles veriam a luz e concordariam em criar em espaço alternativo para os batismos. Embora eu tivesse grande respeito por aqueles homens, acreditava que o gosto pelo tradicional tinha anuviado o raciocínio deles. No final, eu disse a mim mesmo, eles mudariam o rumo e pensariam como eu.

Uma semana depois o arquiteto me mostrou as plantas novas da área de cultos, agora completadas com o batistério interno. Seus desenhos confirmaram meu medo. O projeto contemporâneo da área de cultos não se prestava a um batistério fixo. Conseqüentemente, o arquiteto foi obrigado a colocá-lo em uma das laterais. Isso tirou todo o equilíbrio do espaço. Minha frustração era realmente grande. Não apenas estávamos gastando dinheiro para construir um batistério que nunca usaríamos, mas isso também deixaria o prédio todo desajeitado.

Fiquei realmente tentado a colocar um fim nisso e anular a decisão dos presbíteros. Mas eu tinha sido educado a crer que Deus trabalha pelos canais de autoridade. Gostasse ou não disso, os presbíteros, e não eu, eram a autoridade sobre a igreja. Levantei as mãos e simplesmente deixei a coisa andar. Afinal, sempre poderíamos usar o batistério como teatro de marionetes.

Hoje, cinco anos depois, fico enjoado só de pensar em como cheguei perto de ignorar o conselho daqueles homens cheios de discernimento. O batismo é o ponto alto dos cultos da manhã. As pessoas aplaudem, dão vivas, assobiam, abraçam-se, choram. É realmente inacreditável.

Requisita-se de todos os que são batizados em North Point que gravem em vídeo um testemunho em que contam os motivos para serem batizados. Os vídeos são apresentados imediatamente antes de cada batismo. Em muitos domingos eu simplesmente quero encerrar o culto depois do batismo. As histórias dizem tudo. E, cada vez que alguém entra naquelas águas, sou lembrado de como estava errado, e de como teria sido leviano se eu manipulasse o sistema para fazer as coisas do meu jeito.

Tenho mais coisas em comum com Roboão do que gostaria de admitir. É bem provável que você também. Quando me decido a respeito de alguma coisa, realmente não quero ninguém dizendo que a idéia não é boa. Cada um dos líderes que conheço se inclinam nessa direção. Então Deus, em sua sabedoria, colocou homens e mulheres à nossa volta, gente com a experiência e o discernimento que tantas vezes nos faltam.

Se você for sensato o suficiente, eles os ajudarão a ir mais longe, e mais rápido.

12
O que um *coach* faz

Os coaches *se concentram nas possibilidades do futuro, não nos erros do passado.*
JOHN WHITMORE

Então, o que exatamente o *coach* em liderança faz? Três coisas. Um eficiente *coach* em liderança:

1. Observa
2. Dá instruções
3. Inspira

É praticamente impossível ajudar uma pessoa a ter um desempenho melhor se você não a vir fazendo algo ao vivo. Será difícil treinar um cobrador de faltas se você nunca o vir cobrando faltas. Não é factível treinar um ginasta se você nunca observá-lo executando suas rotinas.

O mesmo é válido para a liderança. A pessoa ou as pessoas que você convida a desempenhar o papel de *coach* precisam estar em posição de observá-lo liderando.

A idéia de ter alguém avaliando sua liderança pode, no início, ser intimidante. Mas pense no seguinte: as pessoas observam você liderar o tempo todo. A liderança não acontece a portas fechadas. Suas ações são públicas. A liderança está sempre na vitrine. Por sermos líderes, estamos sempre no palco, de frente para todos aqueles que optaram por nos seguir. Então, por que não colocar um ou dois *coaches* no meio desse pessoal?

Meu primeiro "observador" foi Nolen Rollins. Na época eu não sabia disso, mas Nolen foi um dos melhores *coaches* em liderança que já tive. Nolen foi meu supervisor durante o tempo em que trabalhei no ministério com os estudantes. A maioria dos chefes não faz *coaching*. Eles recompensam ou fazem censuras (infelizmente, a maioria dos pais também adota a mesma atitude). Mas Nolen era diferente. Ele assumiu o papel de *coach*. Quando digo que ele "assumiu" esse papel, quero dizer que ele não esperou que eu o solicitasse — ele simplesmente entrou no processo. Ele não se contentou em meramente recompensar ou fazer censuras. Ele tomou para si a tarefa de me desenvolver como líder.

Nolen separou tempo para me observar em quase todos os papéis de liderança que assumi. Ele participava das reuniões de liderança, comparecia às reuniões com a equipe, e até mesmo entrava de fininho nos programas com os estudantes para ver como eu me comunicava. De tempos em tempos ele me pedia que dirigisse as reuniões gerais com a equipe. Ele simplesmente ficava sentado em seu canto e observava.

Mais ou menos uma vez por semana, Nolen dava uma passada na minha sala, sentava-se e me dizia o que tinha observado. Ele era gentil, mas direto. Não me poupava de nenhum comentário. O fato de Nolen ter passado tanto tempo me observando tornou mais fácil escutá-lo e acolher seus comentários. Eu sabia que ele estava do meu lado. Ele não estava simplesmente fazendo críticas: ele estava fazendo *coaching*. O objetivo dele era ajudar-me a ir mais longe, e mais rápido.

Além da observação e da avaliação, você precisa receber instruções. Bons *coaches* em liderança são mestres.

Durante vários anos eu me encontrava uma vez por semana com um camarada chamado Charlie Renfroe. Charlie é um homem de negócios bem-sucedido, além de fantástico pai e marido. O *coaching* de Charlie estava voltado para meus relacionamentos profissionais e pessoais. Ele me ensinou a negociar contratos, confrontar pessoas que tinham um desempenho abaixo do esperado e a recompensar aqueles que estavam dando um passo a mais.

Charlie fazia algo singular: ele me dava instruções principalmente por meio de histórias da sua própria jornada. Eu fazia uma pergunta e Charlie contava uma história. Então ele me olhava nos olhos e me dizia exatamente o que faria se estivesse no meu lugar. O espaço não permite que eu divida com você todas as percepções preciosas que obtive de Charlie durante aquelas manhãs de terça-feira, mas as histórias permitiram que eu me tornasse um líder melhor. Mesmo hoje, quando estou à beira de reverter alguns padrões insalubres de liderança, eu me lembro de alguma das histórias de Charlie, e isso me serve como freio.

Em determinada manhã, eu estava descrevendo para Charlie uma situação que envolvia meu supervisor. Inadvertidamente eu havia tomado uma decisão que contrariava a decisão que ele tomara no dia anterior. Fiquei sabendo que ele estava "louco da vida" comigo. E era compreensível que estivesse. Minha decisão fez parecer que havia uma divisão em seu departamento. Mencionei para Charlie que eu não estava exatamente ansioso para ir ao escritório. Então cometi o erro de dizer que, na verdade, estava pensando em nem aparecer por lá.

Charlie imediatamente disparou uma história a respeito de uma situação na qual ele se envolvera com alguns banqueiros de Nova York. Ele tinha alavancado sua empresa para além do que era razoável ou sensato. Então, sem motivo aparente, a receita começou a cair. Não demorou muito e as coisas com o banco viraram de pernas para o ar. Quando isso acontece, quem emprestou o dinheiro começa a fazer ligações, e quem tomou dinheiro emprestado não atende ao telefone. Charlie fez o contrário.

Ele ligou e marcou uma reunião no banco. Pegou um avião para Nova York e se encontrou com os banqueiros.

Ele relatou o episódio da seguinte maneira: "Eu disse que eles podiam contar comigo para resolver essa situação, e que eles nunca teriam de vir à minha procura, porque eu os afogaria com relatórios sobre os progressos. Eles não sabiam bem o que fazer com isso. Eu ligava para eles toda semana para avisar como as coisas estavam indo. Desde então, eles me procuram para fazer outros negócios".

Então ele disse algo que nunca esquecerei: "Às vezes a melhor coisa a se fazer é abrir a jaula e encarar o gorila de 200 quilos. Ele vai atrás de você de qualquer jeito, então você também pode soltá-lo". Então Charlie se inclinou na minha direção, olhou-me bem dentro dos olhos e disse: "Quando você chegar ao escritório, vá diretamente à sala de seu supervisor. Abra a jaula e enfrente o gorila de 200 quilos".

Foi exatamente isso o que fiz. Tenho aberto jaulas desde então.

> *Um bom* coach *em liderança fará tudo o que estiver a seu alcance para ajudá-lo a diminuir a lacuna entre seu potencial e seu desempenho. Talvez isso implique alguma dose de rude honestidade. Por quê? Porque a verdade dolorosa é a via mais rápida para aumentar o desempenho.*

O terceiro componente do bom *coaching* em liderança é a inspiração. Um bom *coach* terá a capacidade de instilar em você uma imagem mental que descreve o que você, como líder, pode e deve ser. Ele indicará para você onde fica o futuro que você escolheu. Também irá inspirá-lo a fazer tudo o que estiver ao seu alcance para você chegar lá.

O bom *coaching* sempre busca estimular o potencial do líder, não o nível de desempenho que ele já atingiu. O bom *coaching* em liderança enxergará o potencial que você tem e o inspirará em conformidade com isso.

Hoje tenho como *coach* um pastor aposentado. John é membro da nossa igreja. Isso lhe deu a oportunidade de me observar comunicando e estabelecendo a visão. Certo dia seu olhar cruzou a mesa do almoço e ele disse: "Andy, seu encerramento é ruim".

Eu sabia exatamente do que ele estava falando. Durante diversos domingos, o fim dos cultos parecia um pouso de avião desgovernado. Planejávamos bastante como iniciar os cultos, mas dávamos bem pouca atenção e criatividade para a maneira de terminá-los. A avaliação dele era precisa.

Mas John não parou por aí. Ele sabia que eu tinha o potencial para fazer melhor que isso. Assim, ele gastou diversos minutos estabelecendo uma visão sobre o que eu podia e devia ser. Ele se referiu a situações específicas, em que tínhamos encerrado o culto com tanta intensidade e intencionalidade quanto tínhamos iniciado. Saí dali comprometido e inspirado a fazer o melhor.

Na segunda seguinte, na reunião de planejamento de cultos, anunciei: "Nossos encerramentos dos cultos têm sido fracos". Todos concordaram, e prosseguimos no trabalho de resolver o problema. Duas semanas depois, Sandra e eu nos deparamos com John em um restaurante, depois do culto. Ele estava sentado à mesa com diversas outras pessoas. John captou meu olhar, fez um sinal de positivo e lentamente meneou a cabeça em sinal de aprovação, querendo dizer que tínhamos acertado o ponto.

John me faz sentir como se eu pudesse conquistar o mundo. Nunca na minha vida tive alguém que se dirigisse a mim com tamanha consistência e persuasão, dizendo-me sobre o que eu podia e devia ser. Sempre saio dessas sessões de *coaching* com mais fervor para alcançar meu potencial como líder, pai e marido. É isso o que um bom *coaching* de liderança faz.

Bem, agora vamos falar de como você pode encontrar um *coach* em liderança.

Encontrar um bom *coach* em liderança é difícil, por dois motivos. Para começo de conversa, a maioria das pessoas nem sequer sabe do que você está falando quando você lhes pede para serem *coach* em liderança. Em segundo lugar, os candidatos que possuem as qualificações dizem que não as possuem.

Por isso, eis o que você deve fazer: não peça a ninguém para ser seu *coach*. Isso os espantará. A palavra "*coach*" *implica* preparação e treinamento. É mais que provável que os homens ou mulheres que você almeja ter como *coaches* não tenham tempo para preparar nada nem para desenvolver um programa de treinamento.

Então fique longe desse termo e, em vez disso, peça que eles avaliem um aspecto específico da sua liderança. A maioria das pessoas adora fazer avaliações. Basicamente, você está pedindo a opinião deles. Quem não adora dar opiniões? Se sua escolha foi sensata, a opinião e as informações apresentadas por essa pessoa acabarão sendo bastante valiosas.

A essa altura, o importante é ser específico. Por exemplo, você pode pedir a alguém de sua equipe de liderança, ou da diretoria, que avalie sua forma de conduzir as reuniões. Diga algo como:

"Nós dois já tivemos de suportar nossa cota de reuniões malconduzidas, pensando o tempo todo: 'Por que ele não consegue entender?' ou 'Por que ela não deixa outras pessoas falar?'. Nós dois sabemos que normalmente os líderes não fazem idéia de qual é o seu desempenho nas reuniões ou em situações em que é necessário tomar uma decisão. Realmente quero progredir nessa área. Adoraria que a gente se encontrasse uma hora dessas. Gostaria de ouvir seu parecer sobre como estou me saindo como moderador das nossas reuniões. Estou aberto para suas sugestões. Se você já notou alguma dinâmica pouco saudável no grupo, também adoraria ouvir o que você pensa sobre isso".

Você não solicitou nenhum relacionamento de *coaching* de longo prazo. Você simplesmente pediu que a pessoa falasse o que pensa. Se os momentos de avaliação que você passou com essa pessoa forem benéficos e agradáveis, o mais provável é que você tenha encontrado um *coach*.

Uma vez que a convidemos para o papel de avaliador, geralmente a pessoa sente a liberdade de permanecer ali até que isso seja cancelado. Em outras palavras, se uma pessoa aceitar um convite semelhante ao esboçado, e se ela perceber que você levou a sério sua opinião, não fique surpreso se ela tomar a iniciativa de marcar o encontro seguinte. Quando isso acontecer, você saberá que conseguiu um *coach*. Além de observar, ele também estará dando instruções.

Bem, antes de você descartar o exercício como algo reservado ao líder novato, deixe-me assegurar que esse tipo de avaliação é apropriado durante toda a nossa carreira como líderes. O motivo pelo qual os veteranos experimentados não buscam *coaching* em liderança nada tem que ver com a necessidade real de terem um *coach*. Tem tudo que ver com a necessidade que eles identificam.

Lembre-se: você está sendo avaliado todo o tempo. Seja como for, essa é apenas mais uma forma de descobrir o que todos estão pensando (ou sussurrando). Por si só, a experiência não aperfeiçoa ninguém. Por si só, a experiência tem o potencial de fazer você girar em falso. A experiência, quando passa por uma avaliação, é o que lhe permite ter melhor desempenho.

Segue-se uma lista de situações de liderança. Você pode pensar na idéia de convidar um *coach* em liderança para observar e avaliar seu desempenho nessas situações:

- reuniões
- apresentações em público
- tomada de decisões
- estabelecimento de visão
- escrita
- solução de conflitos

- seleção de pessoal
- planejamento estratégico
- definição de orçamento

Aprenda com todas as pessoas que puder tudo o que for possível aprender. Aprenda tudo o que puder com qualquer pessoa que se dê ao trabalho de parar por tempo suficiente para observar você e avaliá-lo. Procure um ambiente de trabalho em que você receberá *coaching*, não apenas uma remuneração. Nos primeiros anos de sua carreira, *o que você aprende é bem mais importante do que o valor que você ganha em dinheiro*. Na maioria dos casos, o que você aprende determinará o quanto seu trabalho renderá mais tarde.

Sendo líder, aquilo que você desconhece pode feri-lo. O que você desconhece sobre si mesmo pode acabar travando sua liderança. Você deve isso a si mesmo, e àqueles que escolheram segui-lo: abra as portas para a avaliação. Encontre um *coach*.

Enquanto estiver procurando um *coach* em liderança, vá em frente e torne-se um *coach* para outro líder que esteja perto de você. Eu sei, eu sei: você é jovem demais; você não saberia o que dizer; ninguém vai levá-lo a sério; blablablá.

Deixe tudo isso de lado. Mesmo que você tenha de começar com seu assistente, ou com um colega, você pode fazer *coaching*. Comece entregando artigos, livros e gravações pertinentes. Comente com detalhes as coisas que eles fazem bem. Mostre-se orgulhoso deles. Fale sobre o potencial que eles têm. E, assim que ganhar a confiança dessas pessoas, faça avaliações e dê instruções. Use a seguinte frase: "Uma coisa que aprendi há tempos é...". Em outras palavras, assuma a posição de um colega de aprendizado, não a de um professor.

Não espere até sentir que pode fazer isso satisfatoriamente. Gente que lidera é gente que aprende. Em conseqüência disso, é raro os líderes acharem que estão preparados de forma satisfatória para ensinar outros a liderar. Como aprendizes, são constantemente lembrados de tudo o que ainda existe para aprender e dominar.

Não perca isso de vista: sendo líder, você não tem a responsabilidade de saber tudo o que há para saber a respeito de liderança. Mas você é responsável por dividir tudo o que sabe com os líderes que estão à sua volta. À medida que você derramar no cálice deles aquilo que Deus e outros têm derramado no seu, eles irão mais longe, e mais rápido também. Eles serão líderes melhores por terem conhecido você.

Encontre um *coach,* e você nunca deixará de ser aperfeiçoado.

Torne-se um *coach*, e garanta o aperfeiçoamento dos que estão à sua volta.

Resumo da seção

Para ser um líder eficiente...

- Encare de frente: você não é tão bom quanto poderia ser. E o que você vai fazer a esse respeito? O único modo de ir mais longe, e mais rápido, é obter ajuda externa. Você pode maximizar seu potencial de liderança se encontrar um *coach*... ou dois.
- Encontre alguém para observá-lo em uma variedade de situações de liderança. A opinião externa é crucial. Mesmo que você pudesse ver-se no espelho durante 24 horas por dia, nunca se veria como as pessoas o vêem.
- Selecione um *coach* que não tenha nenhum interesse pessoal, nenhuma razão para ser outra coisa que não brutalmente honesto. Não é preciso que ele seja um especialista na área. Entretanto, seu *coach* precisa ser capaz de colocar-se no lugar das pessoas que estão sob a influência da sua liderança.
- Tente encontrar alguém que consiga articular com clareza e precisão os próprios pensamentos. Você não precisa de generalidades radiantes: você precisa saber, com exatidão, o que você deve continuar fazendo ou não.
- Torne-se um *coach*. Da mesma forma que aprendemos a fazer fazendo, aprendemos a aceitar doando.

O DESAFIO DA PRÓXIMA GERAÇÃO

1. Examine novamente a lista de situações de liderança neste capítulo e comece a rascunhar o nome das pessoas em quem você confiaria para observá-lo e criticá-lo.

2. Ficar tão vulnerável deixa você apavorado? Em caso positivo, por quê?
3. O que você tem a perder encontrando um *coach* em liderança? O que você tem a ganhar?
4. Você é propenso a desconsiderar decisões com as quais não concorda, mesmo que tomadas por seus superiores?
5. Se você não encontrar alguém que esteja bem à sua frente na jornada da liderança para fazer seu *coaching*, junte um grupo de colegas e examinem juntos toda a literatura de liderança.

Parte 5

CARÁTER

O caráter determina o legado do líder

13
Uma qualidade dispensável

Armamos uma arapuca para os líderes jovens se os encorajamos a visualizar o que podem fazer antes que eles considerem o tipo de pessoa que devem ser.
R. Ruth Barton

Vamos começar esta seção final com um choque de realidade: o caráter não é essencial para a liderança.

Todos conhecemos líderes que conduziram grandes organizações, que capitalizaram a lealdade de muitos seguidores e que, no entanto, não tinham caráter. Eles demonstraram coragem e competência. Eles davam direcionamentos claros. Talvez até tenham buscado o conselho de outras pessoas. Mas eles não eram homens e mulheres conhecidos por fazer o que era certo. Não raro ouvimos líderes consumados atribuindo seu sucesso a práticas comerciais e a condutas pessoais que a maioria das pessoas consideraria repreensíveis. E, no entanto, eles são o rei ou a rainha "do pedaço"... pelo menos por um momento.

Como já discutimos, é possível liderar sem ter caráter. *Mas é o caráter que faz de você um líder digno de ser seguido.* A integridade não é necessária se suas aspirações como líder se resumem simplesmente a convencer as pessoas a segui-lo. No entanto, se, no fim das contas, sua intenção com as pessoas lideradas é que elas o respeitem, a integridade é indispensável. Suas realizações como líder farão seu nome ficar conhecido. Seu caráter determinará ao que as pessoas associarão seu nome.

Seus talentos e sua determinação podem definir seu potencial, mas é seu caráter que determina seu legado. Não é preciso mais do que alavancar suas habilidades de liderança para criar um estilo de vida invejável. Mas não é possível criar uma vida invejável sem atentar com seriedade à pessoa que você é por dentro.

James Kouzes e Barry Posner fizeram um levantamento com mais de 1.500 gerentes de todos os cantos dos Estados Unidos, como parte de um estudo patrocinado pela *American Management Association*. Esses autores fizeram a seguinte pergunta dissertativa: "Que valores, traços pessoais ou características você procura e admira em seus superiores?". Em outras palavras, o que faz valer a pena seguir um líder?

Foram identificados mais de 225 valores, traços e características. Esse conjunto foi reduzido a 15 categorias. O que os gerentes disseram que mais queriam ver em seus líderes foi a integridade. As categorias que ficaram no topo da lista foram "integridade", "é sincero", "é digno de confiança", "tem caráter" e "tem convicções".[1]

Em um estudo subseqüente, eles trabalharam em cima de diversas categorias e acrescentaram algumas características novas que não foram incluídas no estudo anterior. Em uma série de seminários executivos com duração de dois anos, conduzida na Santa Clara University e em diversas corporações, mais de 2.600 gerentes de ponta preencheram uma lista de características superiores de liderança. A característica número um que eles procuravam em um líder era a honestidade. A honestidade alcançou mais pontos do que "competência", "inteligência" e "traz inspiração".[2]

1 Kouzes & Posner, *The Leadership Challenge*, p. 16 [***O desafio da liderança*, Campus, 2001**].

2 Ibid., p. 17.

Esses dados têm o apoio de um estudo conjunto da Korn/Ferry International e do curso empresarial da Columbia Graduate School. Esse levantamento foi feito com mais de 1.550 executivos de ponta, em 20 países. O estudo tinha a intenção de examinar minuciosamente o desenvolvimento, áreas de especialidade e características pessoais do executivo-chefe. "Ética" recebeu o maior número de indicações entre as características pessoais que o executivo-chefe precisava ter. Em poucas palavras: eles esperavam que seus líderes fossem irrepreensíveis.[3]

Aqueles que escolheram segui-lo querem que você seja um líder digno de ser seguido. Eles não o julgarão tanto com base em onde você chegou, mas em como você chegou lá. As histórias sempre incluirão a avaliação que fazem de você como pessoa, não apenas de suas habilidades de liderança. Essa é a verdade: aqueles que optaram por segui-lo sempre terão uma expectativa maior a respeito de seu caráter que a expectativa que têm para si mesmos.

Há alguns anos adotei uma definição de caráter que é suficientemente simples para eu me lembrar dela e, no entanto, é completa, o suficiente para ter raízes na realidade: *Caráter é a vontade de fazer o que é certo, mesmo quando isso é difícil.*

O caráter relaciona-se com a *vontade* porque requer uma disposição para tomar decisões difíceis — decisões que, às vezes, vão contra a emoção, a intuição, a economia, as tendências atuais e, aos olhos de alguns, contra o bom senso. Ter a vontade de fazer o que é certo requer que você determine o que é certo antes que a batalha para fazer o que é certo comece. Liderar com caráter exige uma série de decisões prévias. Sendo um líder da próxima geração, você precisa decidir antecipadamente o que é inegociável em termos de certo e errado.

3 James M. Kouzes & Barry Z. Posner, *Credibility*. São Francisco: Jossey-Bass, Inc., 1993, p. 15 [**_Credibilidade_, Campus, 1994**].

Quando falamos da vontade de fazer o que é *certo*, estamos pressupondo a existência de um padrão de certo e errado, um padrão que não depende de nós, um nível fixo que serve para nos medir. Os líderes dignos de ser seguidos reconhecem um padrão absoluto de certo e errado, que independe das emoções, experiência e desejos. A liderança que exercem pressupõe a existência de uma referência que serve para julgar todas as decisões.

Eu sei, eu sei: falar em termos de absolutos não é popular. No entanto, como C. S. Lewis afirmou:

> Sempre que você encontrar alguém dizendo que não acredita em certo ou errado, você verá a mesma pessoa voltando atrás no momento seguinte. Ele pode quebrar a promessa que lhe fez, mas, se você quebrar sua promessa, ele começará a queixar-se — "não é justo" — antes de você conseguir pronunciar seu nome.[4]

Caráter envolve fazer o certo porque isso é certo — independentemente do custo. E são essas últimas palavras que separam os homens e mulheres de caráter daqueles que têm intenções boas, mas negociáveis.

O caminho mais direto para onde você quer estar não é o caminho mais ético. Como sei isso a seu respeito? Afinal, nós nunca fomos apresentados! Eu seria o primeiro a admitir que é injusto eu julgar sua situação sem saber nada a seu respeito. Mas meu palpite é que, caso você traçasse uma linha reta de onde você está até onde quer chegar, para então segui-la, você seria obrigado a fazer concessões morais e éticas. Em algum ponto entre você e seu objetivo como líder da próxima geração, existe um campo minado.

[4] C. S. Lewis, *The Case for Christianity*. New York: Macmillan Publishers, 1943, p. 5.

Líderes comprometidos em preservar o caráter freqüentemente dirão não a coisas que, para muita gente, são oportunidades únicas na vida. A disposição em dizer não é o que separa o líder de caráter do resto do bando.

Chegará o dia em que o progresso parecerá pedir que suas convicções sejam suavizadas. O líder que há em você vai querer seguir em frente. Afinal, você já chegou até aqui. Os fins certamente justificam os meios. Nesse momento, a importância de atingir o objetivo terá muito mais peso que a importância de manter o compromisso.

Você, no entanto, também ouvirá outra voz. A mensagem será simples, curta e sem maiores explicações: "Isso está errado". Você lançará violentamente milhares de motivos, explicações, racionalizações e ilustrações contra essa voz tranqüila e tímida. Mas, quando você tiver terminado, essa voz audaz que está dentro de você continuará sussurrando: "Isso não está certo".

Você descobrirá — caso já não tenha descoberto — que a distância mais curta entre onde você está e onde quer chegar não é a mais honrada.

A boa notícia é que, na maioria dos casos, há outras trajetórias para seguir. Contudo, normalmente elas são mais longas, mais íngremes e mais caras. Ninguém gosta de fazer desvios. Especialmente os líderes. Mas aquilo que pende na balança desses dilemas inevitáveis compensa o tempo adicional.

A ironia de ser um líder de caráter é que sua disposição em fazer o certo pode pôr em risco seu avanço. Nem sempre há concordância entre liderar e ser quem você quer ser. Mas é em momentos assim que você descobre muitas coisas a seu próprio respeito. Você descobre o que mais valoriza.

Decidir antecipadamente fazer o que é certo será custoso para você. Custará tempo, dinheiro e oportunidade. Pode causar um impacto negativo na sua reputação... pelo menos no curto prazo. De fato, pode ser um obstáculo no desenvolvimento de sua carreira.

Sendo um líder da próxima geração, você pode ficar tentado a acreditar que, tendo atingido determinado nível de sucesso, esse tipo de dilema desaparecerá. Se você pensa assim, está enganado. Nada que seja relevante fica mais fácil por causa do sucesso. O sucesso só faz subir as apostas. O sucesso traz consigo a pressão de preservá-lo. Quanto maior seu sucesso como líder, mais difícil isso se torna. Há muito mais pressão no topo de uma organização do que você pode imaginar.

Se você tiver a felicidade de cair nas graças do público ou dentro da sua organização, acordará um dia e perceberá que a façanha de ontem é o corriqueiro de hoje. É mais empolgante ganhar o título mundial dos pesos pesados do que defendê-lo. É mais estimulante superar o recorde atual de vendas do que tentar igualá-lo ano após ano.

É no topo da montanha que normalmente os líderes abandonam as convicções e a humildade que o levaram até lá. Quando eles "chegam" lá, ficam tentados a optar por uma estratégia de preservação que demanda um conjunto completamente diferente de ferramentas. Seja nos negócios, na política ou na religião, a pressão para fazer concessões a fim de manter o sucesso é uma constante.

Tenho um bom amigo que abriu o capital de sua empresa na bolsa de valores, faz muitos anos. Até aquele momento ele estava comprometido com ser conhecido na sua área de atuação como um homem de integridade impecável. Sua personalidade carismática, combinada a seu caráter firme, era contagiante. Em relativamente pouco tempo ele conseguiu captar capital de risco suficiente para lançar o que se tornou um sucesso imediato na indústria gráfica. Ao longo do processo, ele teve o cuidado de não tomar atalhos morais nem éticos.

Mas, à medida que se aproximava da última subida, tendo o topo da montanha à vista, algo mudou. A entrada do dinheiro proveniente da oferta pública das ações, combinada com a pressão de acionistas gananciosos, começou a causar efeitos nocivos sobre ele. O medo o asfixiou, tirando a vitalidade de sua visão. A busca pelo progresso parecia ter sido substituída por um terror irracional de perder o que ele tinha ganhado. Ele ficou na defensiva. Em algum momento ele começou a tomar remédios para aliviar a ansiedade. Em toda essa provação ele era rápido em dar crédito a Deus pelo sucesso já obtido. Mas ele começou a ter dificuldade para confiar que Deus o ajudaria a preservar o sucesso que ele havia recebido.

Creio que esse homem comprometeu seu caráter em mais de uma ocasião, em nome de manter o sucesso empresarial. Quando eu o questiono a respeito do assunto, ele simplesmente balança a cabeça e diz: "Andy, você não compreende". Mas seu tom condescendente o trai. É ele quem está confuso, não eu. Quando o pressiono para obter mais informações, suas explicações rebuscadas confirmam minha suspeita: acho que ele sabe que está errado. Mas essa é a trajetória que ele escolheu nesse momento, uma trajetória que continuará a levá-lo para longe das coisas que já foram as mais valiosas.

Não é somente o medo que o líder tem de perder seu lugar no topo da montanha que o torna propenso a fazer concessões. Com o sucesso, vem a tendência de ver-se como autoridade final em termos de certo e errado. Não é incomum encontrar líderes bem-sucedidos jogando por um conjunto diferente de regras. Todas as coisas realmente parecem diferentes quando se está no topo.

Poder, dinheiro, sucesso, fama... tudo isso é inebriante. E pessoas inebriadas enxergam o mundo de um modo diferente. Na opinião do líder inebriado, as regras servem para o homem comum. Não para ele. O que já foi impensável torna-se necessário à luz do que está em jogo. O que já foi considerado desonestidade é visto como prudência à luz da realidade do momento.

Quando questionado, a resposta segue mais ou menos o seguinte padrão: "Um dia você vai entender".

Talvez você leia um parágrafo assim e pense: *Eu não, eu serei diferente.* Talvez você seja um dos poucos que é capaz de carregar o peso do sucesso sem se dobrar à pressão que vem junto com ele. Ou, talvez, quando esse dia chegar, você considere que sua perspectiva atual para a vida é ingênua, e se veja considerando as opções que sempre descartou. O tempo dirá.

Seja como for, a tentação de reescrever as regras estará lá.

E se você soubesse que poderia quebrar as regras, mudá-las ou mesmo ignorá-las e ainda se safar? E se você soubesse que nunca haveria nenhuma conseqüência financeira ou física? O que você faria nessa situação?

Liderar com caráter não é fazer o certo para evitar as conseqüências. Líderes dignos de ser seguidos fazem o certo porque é a coisa certa. A virtude não é um meio para atingir um fim. É o fim.

Líderes dignos de ser seguidos não criam regras. Eles lideram dentro de diretrizes que foram estabelecidas antes mesmo de eles entrarem em cena. Eles reconhecem o que é certo e se submetem a isso porque o certo foi definido por Deus no coração humano. Líderes dignos de ser seguidos reconhecem que suas habilidades de liderança e seus sucessos nunca lhes dão o direito de substituir o que Deus estabeleceu.

O certo e o errado não são determinados pelo progresso econômico e organizacional. O certo e o errado ficam à parte dos dois tipos de progresso. Às vezes, são obstáculos no caminho do progresso. É só quando o certo e o errado o impedem de ir em frente que você descobre se é um líder digno de ser seguido.

Então, por que apegar-se tenazmente a algo que tem o potencial de impedir seu sucesso? Se a liderança em nome do progresso pessoal é a única coisa que você busca, não existe nenhum motivo forte. Mas se você deseja ser um líder digno de ser seguido, você realmente não tem escolha.

Eis a razão: o que pende na balança da sua decisão — escolho ter caráter ou levar vantagem? — é algo bem mais valioso para você, líder, do que o progresso. O que pende na balança é sua *autoridade moral.*

Todo líder usa dois distintivos: um visível, outro invisível. O distintivo visível é sua posição e título. O distintivo invisível é sua autoridade moral.

Sua posição lhe dá autoridade dentro de certo contexto, isto é, o escritório. Entretanto, sua autoridade moral lhe dá influência em uma variedade de contextos. Sua posição induzirá as pessoas da sua organização a lhe emprestar temporariamente suas mãos. Mas sua autoridade moral irá inspirá-las a lhe emprestar o coração.

A autoridade moral se estabelece tão logo fique claro, para aqueles que observam, que o progresso, a recompensa financeira e o reconhecimento não são os deuses do líder. Não importa o quanto você valoriza essas coisas. Quando eles perceberem que há algo que você valoriza mais, algo que se recusa a sacrificar no altar do "sucesso", você terá autoridade moral aos olhos deles.

A autoridade moral é a credibilidade que você conquista quando faz o que diz. É a coerência que as pessoas notam entre o que você afirma ser e o que realmente é. Ela é alcançada quando se nota que convicção, ação, crença e comportamento estão alinhados. Se a crença e o comportamento estiverem alinhados, então o líder passa a ser persuasivo.

O distintivo invisível da autoridade moral confere ao líder algo que o dinheiro *consegue* comprar, mas que só dura algum tempo. Com a autoridade moral, vem a influência. É bem mais fácil liderar do ângulo da influência do que se restringir ao ângulo da posição. É possível gerenciar pessoas sem ter autoridade moral. Mas não é possível influenciá-las.

Jamais daremos permissão para que homens e mulheres sem autoridade moral exerçam influência sobre nós. A incoerência entre o que se diz e o que se faz abre uma ferida mortal na influência do líder. Conseqüentemente, a mesma incoerência tolhe a capacidade de liderança do líder.

John Maxwell estava certo quando afirmou que as pessoas precisam adotar o líder antes de adotar a visão. É a autoridade moral que abre as portas para que as pessoas a seu redor adotem sua visão. É possível pagar as pessoas para trabalhar para você apenas com base na sua posição, mas não é possível envolvê-las em uma causa, ou movimento, sem autoridade moral.

Conseqüentemente, cada decisão que você toma aumenta ou definha a influência que você exerce sobre aqueles que escolheram segui-lo — até mesmo aquelas decisões que não estão diretamente relacionadas com sua profissão.

Os líderes dignos de ser seguidos não fingem viver em dois mundos. Não existe discrepância entre a vida profissional e pessoal. Eles sabem que é inútil compartimentalizar a vida.

Você pode dizer a si mesmo, todos os dias, que seu jeito de levar a vida fora do escritório não interessa a ninguém. Talvez você esteja certo. Mas não se engane: se as pessoas perceberem que existe uma diferença entre o que você espera delas e o que você espera de si mesmo, cedo ou tarde isso irá corroer sua liderança.

Como um pastor que cresceu na casa de um pastor, sei disso até bem demais. Cada vez que levo minha família a um restaurante, as pessoas têm a chance de ver se eu pratico, ou não, aquilo que prego. Até que ponto é realista achar que as pessoas vão manter o respeito por mim se enxergarem incoerência em minha vida? Quer dizer, elas continuarão respeitando-me se me virem agindo de um modo em público, e de outro completamente diferente no domingo de manhã? Posso obter sucesso em compartimentalizar minha vida, mas as pessoas não conseguirão fazer isso.

Sua situação não tem nada de diferente. Para ser um líder digno de ser seguido, é preciso que haja coerência entre os valores que você apregoa na sua organização e os valores que você vivencia. É necessário que eles estejam em harmonia em cada aspecto da sua vida. Se você requerer honestidade das pessoas com quem trabalha, então a honestidade precisa ser um traço que o caracteriza em todos os papéis que você desempenha.

Você pode ter segurança na posição que ocupa, mas sua influência e autoridade moral continuarão fragilizadas. Sempre estamos a uma decisão, a uma palavra, a uma reação de distância de causar dano àquilo que levamos anos para construir.

14
O rei que seguia

O caráter não é formado na crise: é apenas revelado.

Todo mundo adora histórias em que o herói, ou heroína, está sozinho lutando contra a injustiça. É um tema que permeia a literatura. Por essa razão, assisti ao filme *O patriota* umas 20 vezes, no mínimo. Foi por isso que meus filhos assistiram a minhas fitas do *Star Wars* até gastarem. Esse também foi o motivo que induziu Sandra a admitir que, no fim das contas, *Gladiador* era um bom filme.

Quando ficamos sabendo de homens e mulheres que fizeram a coisa certa, mesmo com risco de perder o que lhes é mais precioso, alguma coisa acontece em nosso coração. Não somente queremos que eles vençam no final: também queremos saber que, se enfrentarmos o mesmo dilema, seguiremos esse exemplo.

Fazer o que é certo quando isso tem custo é a essência do verdadeiro heroísmo e também a marca de um grande líder. Quando você encontra um homem ou mulher que fará o que é certo, independentemente do quanto isso lhe custe, você descobriu um líder digno de ser seguido. Quando você escolhe tomar posição em favor do que é certo, com o risco de perder o que lhe é precioso, então você também tornou-se um líder digno de ser seguido.

No Antigo Testamento, meu exemplo favorito desse princípio é a história de Sadraque, Mesaque e Abede-Nego. Amo essa história porque esses três rapazes judeus tinham todos os motivos para fazer concessões, ir contra suas convicções e fazer o que era errado.

Em 605 a.C. os exércitos do Império Babilônico levantaram um cerco em volta da cidade de Jerusalém. Quando a cidade caiu, como era de costume, os babilônios escolheram os melhores e mais brilhantes dentre os cidadãos e a realeza de Jerusalém, e os fizeram marchar até a capital deles.

Dentre os escolhidos, estavam Daniel, Sadraque, Mesaque e Abede-Nego. Eles chegaram à Babilônia como escravos. Mas, com o passar do tempo, e pela providência divina, os babilônios reconheceram que esses quatro rapazes judeus eram líderes e administradores dotados de extraordinário talento. Conseqüentemente, concederam a eles posições de proeminência no império. Sadraque, Mesaque e Abede-Nego foram promovidos à posição equivalente ao cargo de administradores de cidades na Babilônia. Eles tinham acesso ao rei. Todas as suas necessidades eram supridas. A vida deles estava resolvida. Eles não tinham absolutamente nada a ganhar se desafiassem esse novo rei.

Além dos babilônios nativos, a cidade de Babilônia era habitada por uma enorme variedade de pessoas vindas das regiões vizinhas. A intenção do rei Nabucodonosor era que os estrangeiros abandonassem a língua e a cultura nativas e absorvessem totalmente os costumes babilônicos.

Descobrimos no livro de Daniel que, como parte de sua estratégia grandiosa, o rei Nabucodonosor levantou uma imagem de ouro fora da cidade. Então ordenou que todos, independentemente da filiação religiosa anterior, adorassem e se curvassem diante da imagem sempre que determinada música fosse tocada no reino.[1] Foi uma tentativa de consolidar seu poder e de garantir

[1] Daniel 3.1–6.

que os "convidados" estrangeiros enxergassem nele, e em seus deuses, a autoridade definitiva. Quando se curvasse diante da imagem, a pessoa estava reconhecendo Nabucodonosor como a autoridade suprema e que ele controlava o que acontecia na vida deles.

Quando Sadraque, Mesaque e Abede-Nego ficaram sabendo do edito do rei, decidiram não compactuar com isso. Em última análise, eles eram súditos do Rei invisível, não do rei Nabucodonosor.

Quando o rei ficou sabendo dessa impertinência, convocou-os. Esse é um detalhe significativo na história. O fato de querer vê-los face a face, em vez de eliminá-los imediatamente, é evidência do relacionamento singular que o rei mantinha com esses jovens, e também da importância deles na administração do reino. Eles não eram simples escravos descartáveis. Ficar sem eles era uma perda que Nabucodonosor não queria sofrer desnecessariamente. Então o rei lhes deu uma segunda chance de obedecer.

Durante a conversa, o rei Nabucodonosor repetiu o edito e a punição para quem deixasse de cumpri-lo. Suas palavras ecoam as afirmações e ameaças que todo líder enfrenta quando seu caráter está em jogo: "Mas, se não a adorarem, serão imediatamente atirados numa fornalha em chamas. E que deus poderá livrá-los das minhas mãos?" (Daniel 3.15).

Nabucodonosor reivindicou ter controle sobre o que aconteceria. "Vocês serão atirados numa fornalha em chamas", declarou. Tradução: "Eu controlo o destino de vocês. Manter esse posicionamento é um despropósito. É em vão. Não existe outra escolha que não a de se curvarem".

O mesmo acontece conosco em algum momento na jornada da liderança. Alguém, ou algum conjunto de circunstâncias, se colocará entre nós e nosso ponto de chegada. A menos que concordemos, ou abandonemos temporariamente nossa integridade, todo avanço será abruptamente interrompido. Enquanto contemplamos nosso futuro e as escolhas que temos diante de nós, o rei visível sussurra em nosso ouvido: "E que deus poderá livrá-los das minhas mãos?".

- Quem vai contratá-lo?
- Quem vai comprar seu produto?
- Quem vai confiar em você?
- Quem vai segui-lo?
- Quem vai investir na sua idéia?
- Como você vai recuperar o equilíbrio financeiro?
- Como você vai pagar as contas?

Nesses momentos, é tentador acreditar que houve uma manobra para isolar o Rei invisível e que ele foi passado para trás. Parece não haver escolha senão fazer concessões para manter o sonho vivo, a companhia operando no azul, e o fluxo de caixa positivo.

Repentinamente, nossa fé simplista, além de não ser prática, também é impraticável. Fazer concessões — abandonar a autoridade moral — parece ser a única opção disponível.

Assim, Sadraque, Mesaque e Abede-Nego ficaram respeitosamente diante do rei visível, enquanto este os lembrava de que ele, e somente ele, tinha controle sobre os acontecimentos. Que deus tinha o poder de livrá-los de alguém tão grandioso quanto ele? Então, em um arroubo incomum de compaixão, o rei Nabucodonosor ofereceu-lhes uma segunda chance: "Pois agora, quando vocês ouvirem o som da trombeta, do pífaro, da cítara, da harpa, do saltério, da flauta dupla e de toda espécie de música, se vocês se dispuserem a prostrar-se em terra e a adorar a imagem que eu fiz, será melhor para vocês" (Daniel 3.15).

Mas eles não precisaram de uma segunda chance. Eles não se deixariam vitimar pelas reivindicações sinceras, porém desinformadas, do rei visível:

> Sadraque, Mesaque e Abede-Nego responderam ao rei: "Ó Nabucodonosor, não precisamos defender-nos diante de ti. Se formos atirados na fornalha em chamas, o Deus a quem prestamos culto pode livrar-nos, e ele nos livrará das tuas

mãos, ó rei. Mas, se ele não nos livrar, saiba, ó rei, que não prestaremos culto aos teus deuses nem adoraremos a imagem de ouro que mandaste erguer" (Daniel 3.16-18).

Tradução: "Ó Nabucodonosor, nosso destino está colocado nas mãos do Rei invisível, aquele que verdadeiramente controla os acontecimentos".

A resposta deles enfureceu o rei. As Escrituras nos dizem que a atitude do rei com os três jovens mudou.[2] Aparentemente, o rei não estava acostumado a ouvir um não. Ele estava acostumado a controlar. Para começo de conversa, toda a idéia de levantar a estátua era para reforçar o controle que ele exercia sobre todos os que habitavam seu reino. Como ousavam aqueles três jovens hebreus desafiar suas ordens?!

Como é que aqueles três adolescentes, bem longe de casa e da família, tiveram coragem de entrar em confronto direto com o homem mais poderoso da época? Onde encontraram a coragem para fazer o certo, mesmo pagando por isso com a própria vida?

Sadraque, Mesaque e Abede-Nego mantiveram a perspectiva que muitos líderes perdem quando começam a desfrutar das recompensas do sucesso. Os três jovens hebreus nunca perderam de vista quem era a fonte das bênçãos.

Não foi por causa de Nabucodonosor que eles tinham angariado prestígio na cidade da Babilônia. Não foi por causa dele que os três se tornaram homens influentes. Eram presentes e bênçãos vindas de *Deus*. Então, por que abandonariam os princípios de Deus para manter as bênçãos de Deus? Não faz sentido. Por que abandonar o Rei invisível, que *controla* os acontecimentos, para servir ao rei visível, que apenas *reivindica controlar* os acontecimentos?

Na liderança, sempre haverá reis visíveis, que reivindicam ter controle sobre os efeitos de nossas decisões. Dentro do contexto

[2] Daniel 3.19.

do mundo que enxergamos, essas reivindicações têm mérito. A tentação de ceder é real. As conseqüências aparentemente inevitáveis de ignorar essas reivindicações tornam as concessões muito mais sedutoras. É a coisa "prudente" e "responsável" a se fazer.

Esses cenários colocam o líder da próxima geração diante daquele que pode ser seu momento de maior excelência — ou, talvez, seu momento derradeiro. Depende de que ou de quem, o líder enxerga como a fonte de seu sucesso. Se no momento de decisão conseguirmos lembrar que nossos talentos, oportunidades e paixão pela liderança são coisas dadas por Deus; se conseguirmos lembrar que o sucesso obtido é bênção de Deus; então, talvez nos lembremos do que Sadraque, Mesaque e Abede-Nego se lembraram: *Nunca é preciso violar os princípios de Deus para manter as bênçãos de Deus. O poder está com o Rei invisível.*

Como já afirmamos, é em meio ao sucesso que os líderes normalmente abandonam as convicções e padrões que tinham adotado durante a jornada que os tirou do anonimato. Quando os líderes começam a desfrutar das recompensas do sucesso, normalmente esquecem qual foi a fonte desse sucesso. A pressão para fazer concessões e manter o sucesso nunca desaparecerá.

É bem mais fácil "pôr tudo em risco" quando há pouco risco. Mas o sucesso aumenta as apostas. Agora há algo a perder. E os reis visíveis desse mundo dirão que possuem controle sobre o que perdemos e o que preservamos. As ameaças são reais, e as conseqüências de ignorá-las parecem inevitáveis.

> *O sucesso faz as apostas aumentar. Conseqüentemente, no primeiro momento crucial, muitos líderes vão abandonar seu compromisso com o caráter. E, justamente quando têm a oportunidade de exercer uma liderança real — de se diferenciar do restante —, eles escolhem seguir as massas, os homens e mulheres que consideram as recompensas do sucesso um fim em si mesmas.*

No entanto, a mesma verdade continua válida: nunca há razão para violar os princípios de Deus a fim de manter as bênçãos divinas. Nunca existe motivo para diminuir os padrões de Deus a fim de manter as bênçãos que o próprio Deus nos dá. O Rei invisível é capaz de nos livrar da coerção e das ameaças dos reis visíveis. Nosso Rei invisível controla os acontecimentos. Ele controla as ações daqueles que reivindicam estar no controle. E quando nós, que fomos chamados para liderar, confiamos no livramento do Rei, acabaremos como líderes dignos de ser seguidos na mente e no coração daqueles que nos observam.

Assim como Sadraque, Mesaque e Abede-Nego previram, Deus os livrou da mão de Nabucodonosor. Eles saíram da fornalha sem nenhum dano. Como resultado, Nabucodonosor chegou à espantosa conclusão de que, no final das contas, ele não estava no controle:

> Disse então Nabucodonosor: "Louvado seja o Deus de Sadraque, Mesaque e Abede-Nego, que enviou o seu anjo e livrou os seus servos! Eles confiaram nele, desafiaram a ordem do rei, preferindo abrir mão de sua vida a prestar culto e adorar a outro deus que não fosse o seu próprio Deus[...]". Então o rei promoveu Sadraque, Mesaque e Abede-Nego na província da Babilônia (Daniel 3.28,30).

Eles se recusaram a fazer concessões e ganharam autoridade moral e influência com o rei. A coerência entre crença e ação — convicção e comportamento — foi esmagadora, mesmo para um homem como Nabucodonosor. Ele nunca testemunhara esse tipo de compromisso com um ideal. Poucas pessoas já o fizeram. Pense nisso: três escravos jovens, provenientes de uma nação conquistada, influenciaram radicalmente o rei. Como? Pela recusa de dobrar-se quando dobrar-se parecia ser a única opção.

Chegará uma hora na sua liderança em que seu caráter será testado. Você terá a chance de ser o herói. A oportunidade o pegará de surpresa. No calor do momento, você não terá ciência ciente de tudo o que está em jogo. Mas, se fizer o que é certo, vai olhar para trás e ver que esse foi um momento definidor, seja como líder, seja como pessoa.

Nesse momento você aprenderá algo sobre si mesmo. Você aprenderá algo sobre o Pai celestial. E terá uma história para contar aos seus filhos.

Para ser um autêntico teste de caráter, será uma situação em que o final estará completamente fora do seu controle. Você simplesmente fará sua escolha e arcará com as conseqüências. Será uma provação de fogo. Mas será o fogo da purificação. E, quando chegar do outro lado, você será melhor por causa disso.

Já vi esse princípio materializar-se várias vezes na vida de amigos e conhecidos. O medo do desconhecido é, em algum momento, substituído pela marca da liberdade, reservada apenas aos que estão dispostos a viver com as conseqüências da virtude resoluta.

Se você tomar a decisão certa, e acolher as conseqüências, descobrirá um tipo de liberdade que nem imaginava existir. Você estará livre das ameaças daqueles que reivindicam ter o poder de controlar os acontecimentos da sua vida. Você estará livre para dizer não a reis que abusam da autoridade, que tentam manipulá-lo. Você estará livre para servir o Rei invisível, e dizer não a todos os pretensos reis que afirmam ter autoridade sobre você.

Esse acontecimento singular fará de você um líder melhor. No momento da decisão, você vai adquirir a percepção de quem você é. E, mais importante, a quem você pertence.

15
O líder digno de ser seguido

A integridade dos justos os guia,
mas a falsidade dos infiéis os destrói.
PROVÉRBIOS 11.3

Seus dons e talentos de líder têm o potencial de levar você mais longe do que seu caráter poderia conseguir. Isso deve atemorizá-lo.

O fato de as pessoas escolherem segui-lo não é, necessariamente, um indicativo de que você merece ser seguido. Há uma diferença significativa entre ter seguidores e ser digno de ter seguidores. A verdade é que pessoas talentosas, carismáticas e visionárias quase sempre terão quem os siga. Se vale a pena segui-los, isso é outra questão, que está ancorada em um conjunto diferente de valores.

Sempre existe a tentação de olhar para uma pessoa e julgar o quanto Deus abençoou sua vida com base no número de pessoas que escolheram segui-la. Mas, se os números dissessem tudo, seríamos obrigados a supor que Deus tirou a bênção de Jesus até o fim de seu ministério! Nas semanas que precederam a crucificação, as multidões começaram a minguar. No final, só havia um punhado de homens e mulheres leais, que ousaram associar-se a ele. O número de seguidores não é um indicativo preciso do quanto vale a pena seguir um líder.

Para se tornar um líder digno de ser seguido, você precisa dar tempo e atenção ao homem interior. Para deixar um legado que vai além das simples conquistas, o líder precisa devotar-se às questões do coração.

Não existe nenhuma correlação necessária entre talento e maturidade. Hollywood nos ensinou isso. Já que estamos no assunto, também não existe correlação entre talento e bom senso. Alguns pais presenteiam os filhos com brinquedos complicados demais para a idade deles. Todos nós já vimos isso. Carros, canivetes e telefones celulares vêm com manual de instrução, mas não com um manual de maturidade. Não existe correlação entre o que podemos possuir e o que conseguimos usar responsavelmente.

Se você foi abençoado com o dom da liderança, lembre-se de que ele não passa disso: um dom, um presente. Mas possuir o dom, e usar o dom responsavelmente, são coisas diferentes. Uma não pede nada de você. A outra exige o aprendizado de toda uma vida. O dom é reconhecido com o passar do tempo. A maturidade para usá-lo responsavelmente também se desenvolve com o tempo. Reconhecer seu conjunto de talentos é algo inevitável. Mas gastar tempo desenvolvendo a maturidade para manusear seus talentos responsavelmente é algo que requer iniciativa e disciplina.

Os líderes arrumam encrenca quando o impulso gerado por seus talentos ultrapassa sua capacidade de sustentar o ritmo e de lidar com as pressões da conquista. O eventual sucesso colocará você diante de novas tentações, opções e oportunidades. Sua reação diante delas depende inteiramente do estado de seu coração.

Sendo um líder da próxima geração, você tem a incumbência de fazer *agora* tudo o que for possível para se preparar: em algum momento o sucesso chegará. Seu talento abrirá portas. Seu caráter determinará o que você fará quando as portas se abrirem.

É provável que você esteja dando suficiente atenção à tarefa que tem em mãos. Você está considerando o que precisa ser considerado, e organizando as coisas que precisam ser organizadas. Não há dúvida de que você tem uma declaração de visão, e um conjunto de valores para dar-lhe firmeza. Com o tempo, esses elementos, combinados às capacidades que recebeu de Deus, vão levá-lo longe. As pessoas o seguirão.

Em algum momento, porém, seu talento natural vai ultrapassar seu caráter, vai andar mais rápido que ele, caso você não abra uma pista paralela na qual andar. Para se tornar um líder digno de ser seguido, o desenvolvimento do homem interior precisa ser intencional. Você precisa investir na saúde da sua alma. Ninguém planeja atingir o fracasso, muito menos os líderes. Mas ignorar o estado da sua alma é o mesmo que traçar um plano para atingir o fracasso.

Chegará o dia em que os pretensos reis do seu mundo vão sussurrar no seu ouvido, e você ficará tentado a abandonar o certo em nome do progresso, do lucro ou da conveniência. Se tiver negligenciado o caráter, você tentará sacar alguma coisa de sua reserva de convicções, mas encontrará ali pouca coisa para sustentá-lo. Talvez você conserve sua posição de líder. Mas terá perdido a oportunidade de encerrar sua carreira como um líder digno de ser seguido.

Agora é a hora de começar a preparação para tal eventualidade. Talvez você consiga se preparar às vésperas de um grande evento, mas não terá a mesma chance na hora de fazer um teste de caráter. O teste de caráter sempre surge na forma de um teste-surpresa. Você está pronto ou não está. É a lei da semeadura e da colheita em operação. No momento do teste, você colherá o que plantou.

Há duas coisas que você pode fazer agora como preparação para o inevitável dia do teste. A primeira é começar pelo final. A segunda é tornar públicas suas convicções.

COMECE PELO FINAL

O melhor lugar para começar a preparação é o final. O desenvolvimento do caráter sempre começa com um objetivo em mente. Por qual tipo de coisas você quer ser lembrado?

O que você quer que seu melhor amigo diga no seu funeral? E quanto a seus filhos? Seu cônjuge? O que você quer que seus filhos contem a seu respeito para os filhos deles? Pense nas pessoas que o conhecem mais profundamente: como você gostaria que elas descrevessem sua vida? Em outras palavras, o que você quer ser?

Espero que, como um líder da próxima geração emergente, esteja mais claro aquilo que você quer realizar, aquilo que você quer *fazer*. A pergunta é: você definiu aquilo em que quer *se tornar*? O que você faz brota de quem você é. O homem exterior refletirá o homem interior. O homem interior determina o legado do homem exterior.

Seis meses depois que Sandra e eu nos casamos, eu passava metade do dia me debatendo com essas perguntas. Naquela época eu não estava liderando nenhuma organização de destaque. Mas era uma época repleta de histórias de líderes espirituais reconhecidos que tinham caído, tanto por questões morais quanto éticas. Não foram as decisões ruins de liderança que os colocaram à margem. Foi a infelicidade nas decisões pessoais que os tirou de cena. O homem interior não estava alinhado com o homem exterior.

Esse exercício me levou a uma definição pessoal de sucesso. Eu a fiz caber em nove palavras: disponível, responsável, confiável, generoso, honesto, leal, puro, perceptivo e transparente. Esses nove termos formam o perímetro que limita meu comportamento. Para mim, a desonestidade não é um mero pecado. Representa fracasso. Aceitar convites para palestras à custa do tempo com meus filhos é mais que inversão das prioridades. É fracasso.

Como líder da próxima geração, você também precisa estabelecer um perímetro moral em torno do seu comportamento.

Precisa enfrentar o fato de que, em última análise, o sucesso é definido por quem você é e por como você trata as pessoas que o cercam.

Sair em disparada na direção das tarefas sem antes definir quem você quer ser, nem como planeja tratar aqueles que escolheram segui-lo, equivale a fazer um gol contra. Como disse um amigo, isso só é engraçado nas categorias mirins. Na liderança, é um atalho que faz seu legado entrar em curto-circuito.

TORNE PÚBLICAS SUAS INTENÇÕES

Tendo definido o que você quer ser, conte isso a alguém. Mostre em público suas intenções. Mas isso é da conta de alguém? Pode apostar que sim. O caráter é algo pessoal, mas não privado. Todos aqueles que o conhecem têm uma opinião sobre o tipo de pessoa que você é. Então, você bem que pode avisá-las do tipo de pessoa que você está lutando para ser.

> *Os líderes dignos de ser seguidos determinam antecipadamente como reagirão a propostas e oportunidades que têm o potencial de fazê-los afundar moral e eticamente. Embora a incerteza seja inevitável no mundo exterior da liderança, os líderes da próxima geração estão bem seguros quando se trata de resguardar o caráter.*

O perímetro que demarca seu comportamento é reforçado quando você permite que as pessoas saibam quem você quer ser. Quando você sabe que as pessoas estão cientes do valor que você dá a alguma coisa, isso serve como um incentivo poderoso para você examinar criticamente qualquer comportamento que possa afastá-lo desses limites. E naquelas inevitáveis situações em que você titubeia na linha demarcatória, o fato de as pessoas saberem quais são seus valores serve de incentivo para você assumir a responsabilidade sobre seus atos.

Alguns anos atrás informei à minha equipe de liderança, e aos presbíteros, que eu tinha colocado como prioridade sair do escritório às 16h15, todos os dias. Desde que tornei público meu horário, as pessoas constantemente me perguntam se meu compromisso ainda está valendo. Quando tenho de ficar até mais tarde para uma reunião, as pessoas do escritório me olham com um risinho no rosto e dizem coisas como: "O que você ainda está fazendo aqui?".

Nunca esquecerei de quando ouvi um amigo declarar sua definição de sucesso para um grupo grande de pessoas. Ao torná-la pública, ele assumiu responsabilidades diante de pessoas que estão suficientemente próximas para observar. Foi um convite para a avaliação. Essa é a definição de sucesso do meu amigo: "Que me amem e me respeitem mais aqueles que me conhecem melhor".

É difícil ir além disso. Toda vez que estou com ele penso naquela declaração. A verdade é que, quanto mais o conheço, mais o amo e o respeito. Acima e além do sucesso na carreira, esse é um sujeito que está obtendo sucesso onde o sucesso mais importa. E ele se colocou na vitrine.

Seu caráter está sempre à mostra. Então, por que não falar sobre ele? Por que não revelar o desejo do seu coração com uns poucos amigos íntimos? Ao fazer isso, seu perímetro fica mais firme. Caso você hesite na linha demarcatória, alguém estará lá para chamar sua atenção.

Para mim, isso se tornou pessoal no meu primeiro emprego após concluir a pós-graduação. Um dos principais líderes religiosos tinha sido desmascarado por um problema moral que, como ele mais tarde reconheceu, havia começado quando ele estava no ensino médio. As pessoas ficaram chocadas e ultrajadas. Um império construído sobre a confiança ruiu, e a comunidade cristã levou outro soco na cara.

Lembro-me de onde estava quando o ouvi apresentar suas desculpas no rádio. Naquela mesma noite fiquei impactado com o seguinte pensamento: *Que coisa pequena na minha vida de hoje tem o potencial de crescer e virar algo grande?* E pouco depois disso veio o seguinte pensamento: *Além de mim, quem mais sabe disso?* Esse foi o começo de uma vida de prestação de contas. Decidi naquela época que seria melhor expor logo minhas fraquezas a um punhado de pessoas que me amavam, do que correr o risco de ser exposto publicamente diante de pessoas que não ligavam a mínima.

Naquela época eu não estava liderando nada. Minha decisão de prestar contas não foi uma decisão relacionada à liderança. No entanto, olhando em retrospecto, essa decisão teve um efeito profundo na minha liderança.

Como líder da próxima geração, você deve, a si mesmo e àqueles que algum dia o seguirão, identificar e eliminar os dragõezinhos que têm o potencial de crescer e devorar, além de você, também aqueles que lhe deram a confiança. Os líderes que se recusam a dar prioridade ao desenvolvimento do caráter geralmente terminam liderando organizações que também refletem essa deficiência.

Seu caráter se reflete em cada decisão que você toma, e em cada relacionamento que você estabelece.

Para encerrar, gostaria de compartilhar algo que se tornou uma rotina noturna na casa dos Stanley. Começou há muitos anos, quando eu orava com Andrew na hora de dormir. O final da minha oração era: "Senhor, dê ao Andrew sabedoria para saber o que é certo, e coragem para fazer o que é certo, mesmo quando isso for difícil".

Em pouco tempo ele assimilou esse pedido, acrescentando-o também às suas orações na hora de dormir. Hoje, toda noite, na hora de dormir, todos os cinco membros da nossa família pedem que Deus lhes dê sabedoria para saber o que é certo, e coragem para fazer o que é certo, mesmo quando isso for difícil.

Chegará o dia em que cada um dos meus filhos enfrentará um momento decisivo. Fazer o que é certo será difícil. Os reis visíveis da vida deles garantirão que eles não têm outra escolha senão dobrar-se e fazer concessões.

Talvez, no momento da decisão, o Rei invisível de fato lhes dê a sabedoria para saber o que é certo e a coragem para fazer o que é certo.

Resumo da seção

Para ser um líder eficiente...

- Entenda que o caráter não é essencial para a liderança, mas o caráter o distingue como líder digno de ser seguido. O talento e a determinação definem seu potencial; o caráter determina seu legado.
- Escolha fazer o que é certo, mesmo quando isso for difícil. Quanto maior seu sucesso, mais difícil será preservar sua integridade. Se você fizer pequenas concessões no começo da carreira, achará mais fácil fazer grandes concessões posteriormente.
- Não se engane. Sobreviver às pequenas indiscrições faz muitos líderes pensar, erradamente, que eles serão igualmente bem-sucedidos em sobreviver às grandes indiscrições mais adiante. A história nos mostra que nada poderia estar mais longe da verdade.
- Nunca viole os princípios de Deus para obter ou manter a bênção dele. Aquilo que você obtém sozinho, será obrigado a proteger e administrar sozinho.
- Lembre-se: seu caráter está sempre à mostra. O caráter molda suas reações, atitudes e prioridades. Da mesma maneira, seu caráter molda a experiência daqueles que escolheram trilhar com você a jornada — e, portanto, determinará quem continua do seu lado quando a jornada for concluída.

O DESAFIO DA PRÓXIMA GERAÇÃO

1. Qual é sua tentação mais forte? Para quem você falou dessa tentação?

2. Pense sobre a posição profissional em que você se encontra, e compare-a com a posição que deseja ocupar. Quem, ou o quê, está atravancando seu caminho?
3. À luz desses obstáculos, quais são os atalhos que você tem mais chance de tomar?
4. Como você quer ser lembrado?
5. Qual é seu plano?

Epílogo

Por um desígnio divino e misterioso, você foi abençoado com a capacidade de chamar a atenção das pessoas e de influenciar a direção que elas tomam. Você é um líder.

Essa capacidade de influenciar e de mobilizar é um dom. Mas esse dom vem em estado bruto. À semelhança da música ou da arte, a liderança precisa ser desenvolvida para ser usada com eficiência. Como acontece no desenvolvimento de qualquer habilidade ou talento, é preciso começar com os fundamentos. Os cinco princípios que descrevi neste livro são os fundamentos da liderança para a próxima geração.

Você precisa descobrir seus pontos fortes, investir neles e delegar seus pontos fracos. Você tem de ser corajoso e claro em meio às incertezas. Você precisa encontrar um *coach* em liderança. E, ao longo do caminho, é absolutamente essencial que você preserve seu caráter.

Se você acolher e internalizar esses cinco aspectos indispensáveis, terá a fundação necessária para alavancar as oportunidades que Deus coloca no seu caminho. Ignore qualquer um desses aspectos, e você gastará uma quantidade desproporcional de energia sem o resultado correspondente. Se você já dirigiu em cima do gelo, sabe que potência não é nada sem tração. Os cinco aspectos essenciais darão a tração de que você precisa para maximizar seu potencial de liderança.

Enquanto você embarca na expedição para dar forma ao futuro, lembre-se de que no despertar da sua liderança está a nova safra de líderes da próxima geração. É fácil identificá-los: eles o farão lembrar-se de quando você tinha a idade deles. São eles os que farão todas as perguntas. Eles formarão opiniões. Em alguns casos, serão os encrenqueiros. No entanto, o mais importante é que eles são responsabilidade sua.

Você pode ignorá-los, ou simplesmente suportá-los. Ou você pode fazer por eles o que outros fizeram por você. Você pode dar a eles o que outros lhe deram. Oportunidade. Informação. Encorajamento. Esperança.

Nunca se esqueça de que seu legado não será definido meramente pelas organizações que você liderou, nem pelos produtos que você desenvolveu. Seu legado será refletido nas vidas que influenciou e nos líderes que seguirem seus passos. Durante algum tempo esses indivíduos afortunados andarão à sombra de seus talentos e capacidades. A vida deles trará sua marca distintiva.

Jesus nos assegurou que muito se pedirá daquele que muito recebeu.[1] Como líder, você recebeu muita coisa. Sendo um líder da próxima geração, você recebeu a capacidade de dar forma ao futuro.

[1] Lucas 12.48.

Para outros recursos produzidos por Andy Stanley,
por favor entre em contato:

North Point Resources
4350 North Point Parkway
Alpharetta, Georgia 30022
866-866-5621
www.northpoint.org

Esta obra foi composta em *AGaramond* e impressa
por Imprensa da Fé sobre papel *Off Set* 63 g/m^2
para Editora Vida em maio de 2008.